中国語エッセイ

小点心

あっさり味の日中文化論

陳 淑 梅

前 言

《小点心》，本来是为2004年度的NHK电视汉语讲座写的。

"小点心"的意思是饭后吃的甜食或饭间吃的零食。当时我写它的本意是，希望大家在紧张的汉语学习之后，读上一篇轻松有趣的小散文，放松一下精神。也就是说，学习汉语是"正餐"，读篇小散文好比是"饭后甜点"，可"吃"也可不"吃"。因此起名叫"小点心"。

这次有机会把这些小散文汇集成书，单独出版，很想换一个更加响亮的名字来引人注目。可是反复读了几遍，也实在没有发现什么惊天动地的内容，因此也就没有更好的名字可起。想来想去，还是照用原名为妥。只是担心，这些"小点心"会不会脍炙人口。

《小点心》主要选题是中日文化对比,写的几乎都是日常生活中的油盐酱醋、家长里短。如果能在饭后茶余,为您清清心,爽爽口,并且或多或少地为您的汉语学习助上一臂之力,我将感到万分荣幸。

陈淑梅

目次

前言（はじめに） …………………………………… 2

打招呼　あいさつする ……………………………… 6

老朋友　古い友達 …………………………………… 8

对姓名的钟爱　名前へのこだわり ………………… 10

礼物的奥秘　たかが手土産，されど手土産 ……… 12

"这是特意为你买的！"「わざわざ」…………………… 14

"你不饿吗？"「おなかすかない？」………………… 16

"辛苦了！"「お疲れさま」…………………………… 18

脱大衣的礼节　コートとマナー …………………… 20

忌讳　タブー ………………………………………… 22

白纸黑字　白い紙に黒い字 ………………………… 24

对钩儿"√"　採点に仰天 …………………………… 26

东南西北　東西南北 ………………………………… 28

怎么区别？　どう違うの？ ………………………… 30

「いただきます」应该怎么说？
　「いただきます」はなんと言う？ ………………… 32

应该怎么应答？　なんと答える？ ………………… 34

客套话　配慮の言葉 ………………………………… 36

凉饭与热饭　冷たい食事と温かい食事 …………… 38

4

饺子	餃子	40
凉拌西红柿	トマトに砂糖？	42
淘米	お米のとぎ方	44
早点	朝ご飯	46
鱼刺儿应该放在哪儿？	魚の骨の置き場所	48
被窝	掛け布団	50
四二一现象	421現象	52
起名字的学问	名付けのノウハウ	54
儿童票	子供用切符	56
高考	大学入試	58
身份证	身分証明書	60
结婚登记	結婚届	62
全职太太	専業主婦	64
辈分	世代	66
年三十儿	大みそか	68
年夜饭	大みそかのご馳走	70
拜年	新年のあいさつ	72
属相	十二支のこと	74

日本語訳 76

打招呼

　　日本人相互见面的时候，大多是一边鞠躬一边寒暄，很少看见直着腰板说「こんにちは」的日本人。现代的中国人没有鞠躬的习惯，一般是相互握手表示亲近友好。

　　汉语里最常用的寒暄语莫过于"你好"了。不论是初次见面、旧友重逢，也不论白天还是黑夜，"你好"，都可以大显身手。有人说，会说一句"你好"，可以走遍全中国。然而，经常见面的朋友之间，却不大用"你好"打招呼。他们往往会说"吃了吗？""上哪儿去？""下班了？"。还有一种常见的寒暄是相互叫一声对方的名字，然后就擦肩而过。比如，A："张红！" B："李兵！"

　　一位日本朋友告诉我这样一件有趣的事。他在中国留学的时候，一天，和老师走了个对面，刚要打招呼，老师突然叫了一声

他的名字"噢,山田!"。他立刻停下脚步,恭敬地问道:"老师,您有什么事儿?",老师莫名其妙地看了看他,说了句:"没事儿。"就走了。

老朋友

中国人很喜欢交朋友。中国有句俗话叫作"一回生二回熟"。就是说,第一次见面是陌生人,第二次见面就是熟人了。所以,只要是见过一次面的人,就可以称作"老朋友"。

日本人和他人交往的时候,特别是尚未熟悉的时候,往往要和对方保持一定的距离,尽量不涉入对方的"私人领地"。而中国人为了表示亲近、表示友好和对对方的关心,常常努力去缩短与对方之间的距离。比方说,初次见面就会问:"你结婚了吗?""一个月工资多少?""你爸爸在哪儿工作?"。而一旦成了好朋友,那就真的可以"无话不谈"了。前不久我回中国探亲,见到了大学时代的好友。她很关心地问我:

"存多少钱了?"

小点心
XIAO
DIANXIN

"你买的房子,花了多少钱?"
"听说在日本,生孩子没有限制,你怎么不再生一个?!"

对姓名的钟爱

每个人对自己的姓名都有特殊的情感。尽管姓名是在自己还没有自我意识的时候被父母强加的。

同样是爱惜自己的姓名,日本人和中国人的表达方式大不相同。一个日本朋友抱怨说,我的姓是"渡邊",可是一个中国同学总是把它写成"渡边",每次给他纠正的时候,他都不以为然地说:"我知道。不过简体字好写,反正意思都一样。"

的确,在现代汉语里,繁体字与简体字的意思百分之百相同。正因为这个缘故,中国人不明白日本人为什么对"邊"和"边"的区别如此在意。比如一个姓刘的中国人,是不会计较别人把自己的姓写成"刘"还是写成"劉"的。

然而,日本朋友无意中的一个举动,也

小点心
XIAO DIANXIN

曾经使我这个中国人大吃一惊。一次,学校组织新年会,我把会费交给宴会负责人时,他一边接过我的会费,一边毫不客气地用手上的红铅笔在我的名字上面画了个大红叉儿(×)!

我心里不由得咯噔一颤。天哪! 在中国,只有判了死刑的人名字上才打叉儿啊!

礼物的奥秘

　　到亲朋好友家去做客，带什么礼物，每个人有每个人的讲究。听日本朋友说，如果有许多朋友聚餐的话，一般来说喜欢带上瓶葡萄酒啊或一些蛋糕、水果之类的饭后甜点。这样既能为主人的餐桌锦上添花，又能和朋友们共同分享自己所得意的美酒和糕点。

　　中国人到朋友家做客时选择的礼物，往往与宴席没有什么关系。即使带去水果糕点，也不是为了在宴会上拿出来大家吃，而是为了让主人日后慢慢享用的。

　　中日之间这种看起来微不足道的区别，在日常生活中常常会引起一些误会。比如，一位中国留学生说，过年的时候，几个同学到老师家做客。我带去了一瓶茅台酒，本想让老师留着慢慢喝的，没想到当时就打开

了。大家你一口我一口的,不一会儿的功夫就把一大瓶酒喝光了。真可惜! 可是,一位日本朋友告诉我这样一件事:中国同学请我去他家吃饭,我带去了一盒巧克力蛋糕,可是,直到最后他也没把蛋糕拿出来。

其实,这位日本朋友没吃着蛋糕的原因很简单,在中国,主人为了表明自己为客人准备了足够的美味佳肴,一般是不会把客人带来的食品端上餐桌的。

"这是特意为你买的！"

给亲朋好友送礼，是日常生活中常有的事。

日本人送礼时，一般总是说:「つまらないものですが，どうぞ」="不是什么好东西，请收下吧"。收礼的人往往说:「わざわざ，すみません……」="这是特意为我买的吧，真过意不去！"，然后便"顺从"地收下礼物。如此，"送礼仪式"在短暂的时间内就结束了。

中国人送礼的时候，与日本人恰恰相反。他们往往要说："这是特意为你买的！ 你看，多漂亮！"。不仅如此，让中国人接受礼物也没那么"容易"。不论礼物轻重，接受礼物的人总要先说："不要不要！ 你怎么这么客气！ 拿回去吧。""你留着自己吃（用、穿）吧"。然后还要经过一番推让，才肯收

小点心
XIAO DIANXIN

下。送礼的人也早有精神准备，嘴里一边说着："这是特意为你买的！"一边把礼物往对方手里塞。

不了解中国习惯的外国人，初次见到这副场景，会感到很费解。听到"不要不要！""拿回去吧。"，他们会很失望，会不知所措。而接受中国朋友送礼时，听到"这是特意为你买的！"心理会感到有一种负担。其实这都大可不必。"你拿回去吧。"的推辞不过是一种仪式；说"这是特意为你买的！"只是想表明，"这东西是我真心实意为你选的，你就收下吧。"

"你不饿吗?"

假如快到午饭时间了,你的朋友(亲朋好友有所例外)问你"你肚子不饿吗?"你会怎么回答呢?

我曾试着问过日本朋友,结果几乎所有的人都回答说:"是啊。我们去吃饭吧。"同样的问题,我也问过中国朋友。结果,几乎所有的人都回答说:"没事儿,不饿。"

冬天,教室里暖气开得过足,我说,"你们不热吗?"于是,靠窗户的日本学生就会站起来,打开窗户换空气。而中国学生却说,"没事儿,不要紧。"

这截然不同的反应,引起了我极大的兴趣。

据日本朋友讲,日本人认为,"你肚子不饿吗?"这句话的本意是,我肚子饿了,想去吃饭。你觉得怎么样? 所以一般听话

小点心
XIAO DIANXIN

人都迎合着对方回答说:"好吧,去吃饭吧"。而中国朋友对"你肚子不饿吗?"的解释是,这是问话人对自己的关心。所以,为了不麻烦对方,即使饿了也多是先否认的。

这隐藏在"灵魂深处"的心理活动,体现了语言背后的思维方式和文化习俗。可见,要真正掌握一种语言,顺利地与对方进行沟通和交流,对其思想和文化的理解,也是不容忽视的。

顺便说一句,如果你肚子真的饿了,想约中国朋友去吃饭的话,最好直截了当地说:"我有点饿了,咱们去吃饭怎么样?"

"辛苦了！"

近来时常听到一些日本朋友抱怨说，现在的年轻人啊，语言越来越不规范了。比如，有的学生对老师说「ご苦労さまでした」、「お疲れさまでした」，这是不应该的。因为这本来是上对下的问候语嘛！

每每听到这儿，我都无言对答。因为迄今为止，我自己也不知多少次对多少长辈说过「お疲れさまでした」。

日语中的「ご苦労さまでした」、「お疲れさまでした」，用汉语说是"辛苦了"或"受累了"。在中国，这都是可以用在长辈身上的。比如，"主任，您辛苦了"、"奶奶，让您受累了"。另外，在电影或电视上偶尔可以看到军队干部慰问战士的情景。首长对士兵说"同志们，辛苦了！"士兵们就异口同声地回答"首长辛苦！"

小点心
XIAO DIANXIN

　　据说，在日本，晚辈表扬长辈、鼓励长辈都是不太礼貌的行为。比如「先生、授業がなかなか上手ですね」、「社長、これからも頑張ってください」。然而，在中国这些都不足为奇。时常会有晚辈这样鼓励长辈："老师，您的论文写得真不错。"、"您真不愧是知识渊博啊。"、"希望您再接再厉，取得更大的成绩。"

脱大衣的礼节

一天，我正在办公楼等电梯，一个身穿黑呢子大衣的日本学生走了过来，只见他面带愁容，一副忐忑不安的样子。我问："怎么了？"他结结巴巴地回答："刚才进教授房间时忘了脱大衣了，真是太失礼了。是不是应该回去道个歉……"

听到这儿，我不由得对这个学生肃然起敬。同时回忆起一位日本老师曾经对我说过的话。他说，有些中国朋友找他办事，在他的研究室里一直不脱大衣。这还不算，有的留学生在教室里穿着大衣上课，看起来好别扭。

确实，中国人对进房间是否应该脱大衣，看得并不重。据说，在日本，到别人家访问时，进屋门之前就应该把外衣脱掉。否则将有失礼节。而在中国，到别人家做客，如果不想久留的话，往往就不脱大衣。常常

有主人这样对客人说:"别着急走,把大衣脱了,多坐会儿嘛!"客人就回答:"不了,我还有事儿,坐不了多一会儿。"

仔细想想,在门外脱大衣的礼节,也依仗了日本得天独厚的温暖气候。要是在中国的北方,冬天严寒刺骨,如果在门外就把大衣脱了,后果就不堪设想了。

忌讳

听日本朋友说，日本人不喜欢数字中的"4"和"9"，因为它们分别与日语的"死"和"苦"谐音。另外，还听说到医院去看望病人的时候，不能送盆花，因为这意味着病人会在医院扎下根来，久治不愈。

类似这样的"忌讳"，在中国人的日常生活中也随处可见。比如，吃梨的时候不要将梨切成几瓣给大家分着吃。因为把梨分开就是"分梨"，"梨"与"离"同音，所以，"分梨"意味着"分离"。还有，中国人送礼物的时候，一般忌讳送钟。因为"钟"与"终"同音，"送钟"会使人联想到"送终"。"送终"的意思是"在你临终时照顾你，为你操办丧事"，听起来很不吉利。

当然，忌讳是风俗习惯的产物，局外人往往不知就里，犯了忌讳也是难免的。中国

人常说:"不知者不怪罪"。我就亲眼见过一个美国学生在中国老师过六十岁生日的时候,送给老师一个精致的小闹钟。在场的人见了大惊失色,而老师却爽朗地笑道:"好漂亮的'表'啊! 多谢,多谢!"

白纸黑字

在日本，常常可以看到"白纸黑字"的通知或告示。白纸上写黑字，在日本人看来，一点儿都不稀奇。而在中国，除了法院门前的公判书或家中办丧事时张贴的"恕报不周"的条子以外，几乎很少见到这种白地黑字的张贴。

我听朋友讲过这样一件事。一次，日本学生举办汉语讲演比赛，会场中央挂起一条醒目的白地黑字横幅，上面写着"汉语讲演比赛"。看到这副情景，被请来做审查员的中国老师，非常严肃地对学生们说：

"不该用白纸啊，大会标语应该用红纸写啊。"

白地黑字，在中国人看来是不吉利的搭配，多用在殡仪葬礼或警告通报等场合。记得上大学的时候，见到校园墙报栏上贴着红

小点心
XIAO DIANXIN

纸白字或红纸黑字的告示,不用看就知道是表彰嘉奖;相反,白纸黑字一定是警告或处分哪个学生的告示。

如果您有机会再到中国去的时候,不妨留心观察一下,一定会有许许多多、五颜六色的告示、通知、标语、招牌映入您的眼帘,而白纸黑字却寥寥无几。

对钩儿 "√"

我是八十年代在中国上的大学,专业是日语。那时候,中国的大学里外籍教师为数极少,到了三年级,我才有机会上日本老师的课。当时的很多事情,直到现在我还记忆犹新。

记得那是在一节听力课上。日本老师批改好的作业本发下来了,因为是第一次拿到日本老师批改的作业,所以大家既兴奋又紧张。我们迅速地打开自己的本子,然而紧接着是一段沉默。谁能想到,每个人的本子上都画满了红圆圈儿!

"不会吧? 怎么都不对呀!?"

大家只好找老师问个究竟。一问才知道,原来圆圈儿是"正确"的记号!

在中国,"正确"的时候,不是画圈儿,而是打钩儿"√"。"√"也叫"对钩儿",顾

小点心
XIAO DIANXIN

名思义,是"对"的记号(日本的"√"表示"错误",二者恰恰相反)。中国老师判作业的时候,一般来说,"√"表示"对";"×"表示"错";"圈儿"表示"这里有问题,应该注意"。

不过,在批改书法作业时,中国老师往往在写得较好的笔划上画圈儿,表示这一笔写得漂亮。这和日本式的判法很相像。两者之间有何渊源,倒是值得探讨。

东南西北

在国外旅行，问路的时候需要用外语。本来，迷了路就已经心慌意乱，再加上语言不自如，就更是忐忑不安了。

我刚来日本的时候，每次问路之前都要把"问题"背得滚瓜烂熟，然后才敢正式"上场"。尽管如此，对方回答时用的词稍微超出自己的预料，马上就不知所措了。

中国国土大，方言多，问路的时候，最好找精通普通话的人，不然，他听得懂你的话，你听不懂他说什么。当然，在北方，特别是在北京，这样的问题就不存在了。但是，有一个问题得注意，就是北京人的"东南西北"。北京城内的大街小巷，宛如棋盘一般，东南西北分明。因此，北京人的"东南西北"观念特别强。如果你问：

"老师傅，去车站怎么走？"

小点心
XIAO DIANXIN

"从这往东走,过了红绿灯往南拐,路西就是。"

不用说外国人,就是中国的外地人也不一定能弄得清楚。这时候,不要慌,你可以说,"对不起,我是外国人,请说慢点好吗?"这样,北京人马上就能心领神会,他们肯定会耐心地把东南西北改成前后左右。

怎么区别？

　　日语的「お土産」和「プレゼント」，翻成汉语都可以说"礼物"。比如：「これは上海から買ってきたお土産です」，汉语是"这是从上海给您买来的<u>礼物</u>"；「これは私からの誕生日プレゼントです」，同样也是"这是我送你的生日<u>礼物</u>"。

　　因此，不少中国人对「お土産」、「プレゼント」之间的区别比较模糊。时常说成：「これは中国から買ってきたプレゼントです」、「誕生日のお土産，ありがとう」。这就如同日本人难以分辨汉语的"脚"和"腿"。因为"脚"和"腿"翻成日语都是「足」，所以时而有日本学生指着腿说"脚疼"，指着脚说"腿扭了"。

　　像这样的"麻烦事"，学外语的时候实在难免。过去我总分不清什么是「かゆい」，

什么是「くすぐったい」。因为汉语里二者都是"痒"。当然查过辞典也问过老师，而关键时刻都无济于事。一次，我向当时只有四岁的女儿"请教"，她说："你连这都不知道啊！「かゆい」的时候想挠，「くすぐったい」的时候想笑啊"。

这不太规范的解释却使我茅塞顿开，从此就不再出错了。

学外语记单词，真不可忽视这些小小的点拨。

「いただきます」应该怎么说？

　　日语里有不少客套话都是成套的。比如说，「いただきます⇄召し上がれ」、「ご馳走様⇄お粗末様」、「行ってきます⇄行ってらっしゃい」、「ただいま⇄お帰り」云云。看起来很繁琐，其实，对外国人来说，只要把它背下来，很快就能运用自如。而中国话里，这样成套的客套话相对来说要少多了。比如，要外出的人说"我走了"（行ってきます)，留在家里的人可以说"走吧"，也可以说"嗯"、"小心啊"，还有的说"早点儿回来"什么的，总之，没有一个固定的说法，完全是随机应变。这还不说，最让人头疼的是日语里有而汉语里不存在的一些话。比如，日本人吃饭时，要说「いただきます」，而汉语里很难找到相应的词语。常常有人问我，"「いただきます」汉语怎么说？"，每当这时

小点心
XIAO DIANXIN

候我都很为难。如果你是在别人家做客,主人热情地让酒让菜,你可以趁势说"那我就不客气了。"可是,日本人在自己家里吃饭时也要说「いただきます」,这时候要是你也说"那我就不客气了"就牛头不对马嘴了。特别是,招待客人时,主人就更不能这样说了。

一般来说,中国人在自家吃饭时,一家之主的爸爸或者妈妈说一声"吃吧",大家就默默地开始动筷子了。时而会有谁说一句"我先尝尝这个"或"这是什么鱼?"之类的话。至于招待客人时,主人往往是一边让客人"来,吃吧,别客气。",就一边开始吃起来了。

应该怎么应答？

日语中的「はい」，是一个非常方便的词，能充当各种句子的应答语。比如："你是日本人吗？"、"你喝啤酒吗？"、"她漂亮吗？"、"听懂了吗？"、"我用一下你的辞典行吗？"、"请填一下姓名地址。"等等。无论哪一种类型的句子，肯定的时候都可以用「はい」来应答。而汉语则复杂多了。"你是日本人吗？"要答："对。"或"是。"

"你喝啤酒吗？"要答："喝。"

"她漂亮吗？"要答："漂亮。"

"听懂了吗？"要答："听懂了。"

"我用一下你的辞典行吗？"要答："行。"或"可以。"

"请填一下姓名地址。"要答"好。"或"好的。"

总之，汉语里没有像日语中的「はい」

小点心

那样的应答专用词，而要根据语法和句型随机应变。如果用错了，会让人感到莫名其妙，甚至还可能引起一些不必要的误会。比如，在中国，上课点名的时候，学生要答"到！"。用日语说的话，也是「はい！」。但是"到"仅仅用于点名。同样在课堂上，老师指名提问时，也要叫学生的名字，而这个时候就不能说"到！"，直接回答问题就可以了。有不少日本同学，误以为"到"就是「はい」，所以，只要叫到自己的名字，就响亮地回答"到！"。这常常让毫无精神准备的中国老师大吃一惊。

客套话

到医院去探望病人的时候,日本人总是对病人说:"正好到附近办点儿事,顺便来看看你。"中国人可不这样说!他们一般说:"一直想来,总抽不出时间,今天请了半天假,特地来看看你。"

如果住院的是日本人,听了这一番表白,也许又会增加一块心病。"特地为我?"。

相反,如果住院的是中国人,听日本人说"顺便来看看……"心里也会很不舒服。"噢,要是你不路过这儿,就不来看我了?!"

另外,给朋友送礼物的时候,中国人喜欢说"这是特地为你买的,我转了很多商店才买到的!"而日本人往往总是说"这是我老家寄来的,太多了,一个人吃不了。"什么的。

日本人为了不给受益的对方增加心理负

担，总是设法把自己施予对方的"恩"说得微不足道。而中国人为了表明自己的一片真心，往往要尽量渲染自己的诚意。

仅仅几句客套话，中日之间就产生了如此之大的反差。语言来源于各自不同的文化土壤，无所谓优劣对错。但是至少可以这样认为，如果身在日本，用日语进行交流，就应该努力去理解并掌握日本式的表达形式和思维方式。反过来也是一样。这样才可以避免不必要的误会，真正达到友好交流的目的。

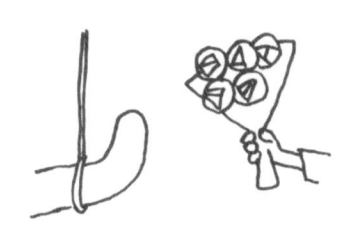

凉饭与热饭

日本人一年四季都喝冷饮吃凉饭。即使是数九寒天，饭馆服务员也往往是先端上一杯冰水，然后再问你要什么。

日本菜的代表之一"寿司"就是用凉米饭做的。另外，盒饭大多也是凉的。每天带饭去上学、上班的人，一般都是吃凉饭。

中国人恰好相反，尤其是北方人。他们喜欢喝热饮料吃热饭菜。特别是米饭一定要吃热的。随着饮食生活的不断变化，冰镇啤酒、冰镇果汁等等也登上了冬季的餐桌，但凉米饭还是难以接受的。不少在日本的中国人说，我很喜欢吃日本菜，尤其爱吃生鱼片，不过，寿司还是吃不了。爱吃生鱼片而不能吃寿司，听上去有些矛盾，其实理由很简单，因为寿司的米饭是凉的。

中国人也有带饭的习惯，与日本不同的

小点心
XIAO DIANXIN

是，所在的工作单位，都有热饭的设备，带饭用的饭盒也都是耐热的。每天到单位以后，带饭来的人就先把饭盒放到热饭机里，这样，中午就可以吃上热腾腾的饭菜了。

不过偶尔也会发生这样的趣事：

"你带去的饭怎么又带回来了？"丈夫问。

"咳！我忘了热了，所以中午在外边儿吃的。"妻子回答。

饺子

提起中国菜,首先就会想到饺子。不过,日本式的煎饺子在中国不叫饺子,叫"锅贴儿"。中国人所谓的饺子,多指"水饺儿",即用水煮的饺子。喜欢清淡味道的日本人,对水饺儿似乎比较容易接受,常听日本朋友说,我又想吃中国的水饺儿了。

饺子,是中国北方人的家常饭。中国人家里做饺子的时候一般是全家动手各显其能。爸爸和面,妈妈做馅儿,有人擀皮儿,有人包。这样,齐心合力,一会儿的功夫就能包出上百个饺子来。

中国和日本的饺子,除了水饺儿和煎饺儿的区别以外,吃法上也有很大不同。在日本的餐桌上,饺子只是一道菜,除了饺子以外还有色拉呀炒菜呀等其他菜肴,当然,还要吃主食——米饭。然而,在中国,饺子本

身既是主食又兼副食。可以这样说吧，饺子皮儿就是主食，饺子馅儿是副食。饺子皮儿等于米饭、面包，饺子馅儿代替了炒菜、色拉。因此，中国人吃饺子的时候，虽然有时也吃一些其他副食，但绝对不会有人一边吃饺子一边吃米饭的。在中国人看来，一边吃饺子一边吃米饭，就等于米饭就面包。

现在，中国的冷冻食品业越来越兴旺，冷冻饺子渐渐开始占领餐桌了。全家人围在一起包饺子的温馨景象，将会越来越少见了。

凉拌西红柿

最受中国人欢迎的日本菜要数"鸡素烧"。首先因为它是趁热吃的,再者,牛肉、白菜、"しらたき"、豆腐、酱油,不论是材料还是调料都很合中国人的胃口。只是对吃的时候要沾生鸡蛋,中国人之间意见有分歧。

谈起生鸡蛋,我总忘不了第一次看到日本朋友把生鸡蛋扣在热呼呼的米饭上时所受到的"冲击"。因为中国人是不吃生鸡蛋的。此外,日本人常常在红豆糯米饭、西红柿、西瓜等的上面撒盐面儿;年糕上面浇酱油,这对中国人来说都是不可思议的结合。

当然,对日本人来说,中国菜里也有数不清的不可思议,著名的有"凉拌西红柿"。西红柿切好后,上面洒满白花花的砂糖!对此,日本朋友常常惊叹不已。此外,炒黄瓜、炒生菜、炒芹菜、炒西红柿;在西

小点心
XIAO DIANXIN

瓜、草莓、稀饭、年糕上加白糖等等，都是日本人难以想像的吃法。

俗话说入乡随俗。在日本时间长了，日本的不可思议曾几何时已经见怪不怪了。偶尔回到中国，尝一口"凉拌西红柿"，也会感到无比的亲切，不过，与此同时也似乎能够理解日本人的那种惊奇目光的内涵了。

淘米

中国人和日本人都很爱吃大米。据说，有的日本人一日三餐都吃米饭。

在中国，南北方饮食习惯相差很大。一般来说，北好面食南好米。南方人与日本人的习惯很相似，几乎顿顿离不开大米。

在日本的这几年，常常听到日本朋友对淘米的方法津津乐道。诸如"淘米要在短时间内均匀地搓洗，洗净表面的米糠，直到淘米水清澈透明为止。搓米要用力，但又不能把米粒搓碎。"等等。甚至在商店里还有卖淘米专用容器的。

一般来说，中国人淘米禁忌揉搓。常常是把米轻轻地涮上三四次，洗掉尘土，便上锅蒸煮。还有人说，洗的次数太多，会破坏米表层的维生素。

初次看到日本人淘米，我也不免感到有

小点心

些诧异,但用日本的方法试了几次,的确蒸出来的米饭又白又亮又筋道。于是回国后,我便大肆宣传。起初,家里人对我不屑一顾,甚至说,那是日本米,我们中国米还是不能搓的。我不甘心,亲自下厨用日式淘米法蒸了一锅雪白透亮的大米饭。幸好家里人的反应良好,于是我在家的几天里"强制性地"推行了日式淘米法。

然而,时隔一年我再次回国探亲时,不出所料我家的淘米方法又按部就班地重新回到了过去。

早点

我来日本已经有十九个年头了。如果问我回国探亲最想吃什么好吃的,一不是水饺,二不是小笼包,而是街头巷尾很不起眼的早点铺卖的早点。

早点就是早饭的意思。据说原义是早上吃的点心。在我的老家天津,几乎没有人说"吃早饭",都说"吃早点"。

日本人的早点,有西式的面包、牛奶、色拉、火腿肠;还有日式的米饭、烤鱼、酱汤。无论西餐还是日餐,大都是各家自己做着吃的。因此,各家各户的主妇早上都要为做早点而大大忙碌一番。

中国人的早点,也是五花八门。有中式的烧饼油条、豆浆稀饭、豆腐脑、油茶面,也有西式的面包牛奶火腿肠。近几年来,早饭吃面包喝牛奶的人逐渐增多,但是,传统

的中式早点仍然备受钟爱。

在中国,早点一般都是在外面买着吃,大街小巷到处都有早点铺。不少骑自行车上班的工薪族们,喜欢在上班的路上吃早点。他们把自行车停在店外,在早点铺里吃过早点,再去上班。也有的人把早点买回家中,全家人一起享用。吃过早饭再各奔东西。

在日本,能吃到各种风味儿的中国菜,可惜独吃不到传统的中式早点。因此,到中国后的第一顿早饭,我是一定要吃中式早点的——刚出炉的烧饼,现炸现卖的油条,再配上一碗热呼呼的白豆浆,实在过瘾极了!

鱼刺儿应该放在哪儿？

吃中国菜的时候，一般都要使用个人用的小碟子。先把中间大盘里的菜夹到各自的小碟子里，然后再吃。

如果菜里出现一些不能吃的东西，比如，虾皮儿、鱼刺儿什么的，日本人一般是把它们堆在小碟子的一个角落，然后继续使用碟子里剩下的干净"领地"。而中国人往往把它们"驱逐出碟儿"，放在碟子旁边的桌子上。对此，双方有这样的争议：日本人认为，中国人把不要的东西放在桌子上，弄脏桌子，实在太不卫生。而中国人认为，日本人把"垃圾"和菜同放在一个碟子里，简直不可想像。其实，双方都有各自的根据和道理，大可不必相互责难。

在日本人的家里，进屋是要脱鞋的，有时甚至可以直接坐在或躺在地板上休息，也

就是说，地板就像中国人家里的"床"，因此，非常在乎垃圾掉在地上。如果把垃圾放在桌子上，收拾桌子时就很可能掉在地上。因此为了不"污染"环境，宁愿把"困难"留给自己。然而，中国人进屋一般不脱鞋，地板和屋外是一体的。地板脏了用扫帚一扫就干净了。因此，对垃圾掉在地上，不很在乎，优先考虑的是吃饭时的方便性。

　　近来，中国人的住房设备有了很大变化，进屋换拖鞋的人渐渐多起来了。今后吃饭的习惯或许也会随之有所改变。

被窝

晚上睡觉的时候，不论是睡床还是睡榻榻米，也不论是中国人还是日本人，都是下面铺褥子，上面盖被子。住在饭店和宾馆的时候，因为被褥都是西洋式，中日之间看不出什么区别。但是进入一般家庭，就可以发现中国和日本被子的铺法有很大不同。

在日本，只需把被子平平展展地铺在褥子上面就可以了。而在中国，要把被子叠成一个宛如大信封一样的长筒型的袋子，就像可以藏身的"窝"，故名"被窝"，有的地方也叫"被筒"。睡觉的时候，为了不破坏它的形状，人要小心翼翼地让身体钻进去，所以把「布団に入る」叫做"钻被窝"。

来日本的第一个晚上，为了铺被子，好费了一番劳苦。结果还是没有叠成一个像样的被窝。原因很简单，因为日本的被子尺寸

比中国的小了一大圈儿。

如果您有机会到中国朋友家做客并留宿的话，务必请您体验一下被窝的温暖。

四二一现象

近来，在中国的媒体上常常可以看到"四二一现象"、"四二一家庭"、"四二一综合症"这样的字眼儿。

"四二一"指的是中国独生子女政策造成的一种特殊的社会现象。"四"是指祖父祖母、外祖父外祖母的四个人；"二"是指父亲母亲；"一"指独生子女。"四二一家庭"，就是指由祖父母、外祖父母、父母和独生子女构成的家庭。四位祖父母和两位父母围着一个"小皇帝"，使他们变得"只知受爱，难知爱人；依赖性强独立性差；生理发育提前，心理成熟滞后"。

中国实行独生子女政策已经有二十多年了。也就是说，现在的二十几岁的青年人都是独生子女，他们都没有兄弟姐妹。等这些人结婚生了孩子，他们的孩子非但没有兄弟

姐妹，连叔叔舅舅、表姐表妹也没有了。

"四二一"听起来威风凛凛，其实独生子女们有不少烦恼和苦衷。全家人把理想和希望都寄托在"小皇帝"的身上，这无形中限制了他们自己设计人生的自由。另外，年轻的时候，四位祖父母，两位父母是他们的保护伞，然而，同时他们也肩负着赡养4（祖父母）+2（父母）老人的重担。这些都是不可忽视的社会问题。

起名字的学问

仔细观察一下中国人的名字,会有许多饶有兴趣的发现。有些名字,甚至一看就能把本人的年龄和家庭背景猜个八九不离十。

"刘满仓、杨家福、王守财、赵金贵、李金宝……",名字里寄托着人们向往富贵的朴素感情,在中国的任何一个小村庄里都有他们的身影。有的名字带有明显的时代特征,比如1949年新中国成立,很多人起名叫"建国"、"建华"、"建设"。后来,爆发了文化大革命,"文革"期间出生的人,有不少起名叫"文革、向东、卫东、卫红"。

在实行独生子女政策之前,有的家里生了几个女孩儿后,盼望生个男孩子,因此就给女儿们起名叫"盼弟"、"招弟"、"来弟"。有些军人希望孩子继承父业,就给孩子取名叫"继军"、"战兵"、"长征"。

小点心
XIAO DIANXIN

中国人的名字,一般来说,姓名加在一起三个字的比较普遍,但近些年来比较流行两个字的名字。比如"张硕"、"王达"、"李悦"、"赵宁"。还有的人别出心裁,把名和姓巧妙地组在一起,构成一个俏皮的单词。比如:"陶冶"、"修饰"、"洪亮"、"殷乐"(与"音乐"谐音)、"钱坤"(与"乾坤"谐音)、"何凡"(不平凡)、"杜非"(防范)等等。

这些美妙的名字,常常令人咂嘴叫绝,但是,"英雄所见略同",很难避免出现同名同姓。比如说,在我认识的人当中,就有三个叫"何凡"的人。

儿童票

中国和日本一样，小孩儿坐车啦、看电影啦、上动物园啦，都买半票，也就是儿童票。不过，中日两国儿童票的标准却截然不同。

日本以小学生和中学生为分界线，小学生是半票，中学以上的要买全票。中国则不同。不论是车票还是娱乐场所的门票，都按身高来判定。所以，公共汽车上、电影院或游乐场的入口都有可以测量身高的标志线。如果觉得孩子的身高有可能超过规定，就要量一量。一般来说，买火车票时，身高1.1米到1.4米的儿童可买半票，1.4米以上的儿童，无论年龄大小都要买全票。电影院、动物园等文化娱乐场所，1.3米以下的儿童免票，1.3米以上的凭学生证可享受半价优惠。

有一位朋友对我说，我儿子真不孝顺，

才八岁,就长了个1.4米的大个子,坐车看电影逛公园,都得买大人票,比别的孩子要多花一倍的钱!

　　近几年,随着儿童身体发育速度的增长,有关部门曾对购票的身高标准做过调整。据说火车票的半票上限为1.4米就是最近的新规定。

高考

"高考"是"全国高等院校招生统一考试"的简称。"高等院校"也叫"高校",是大学、专门学院和高等专科学校的统称。简单地说,"高考"的意思就是"大学的入学考试"。这里有一点需要说明的是,在日本,同样说「高校」,指的是高中,而在中国指的是大学,很容易混淆,应该多加注意。

日本的高考,大致是在春季举行。除了全国统一考试——「センター試験」以外,各大学还要分别进行自己学校的入学考试。各大学的考试时间,各自分别设定。因此,考生们有多次参加考试和选择学校的机会。

中国的高考和日本比起来形势要严峻得多。

一般来说,中国各大学的招生标准,都是根据统一考试的成绩而定。统一考试由教

育部统一出题，在国家规定的统一时间内进行考试。对考生来说，考好了就将前途无量，如果没有考好，就会名落孙山，待等明年。因此，有人把它形容为"一考定终生"。

近几年来，国家对高考也进行了一系列的改革。据说，在一些大城市，开始实施各自的高考模式，北京上海开始了自主命题。2001年开始，在部分城市还推行了春季秋季两次考试，使考生增加了一次挑战的机会。另外，多年来，秋季高考时间一直在炎热的7月，考场上，考生们总是汗流浃背，头晕目眩。为了缓解这种不利状况，从2003年开始，把考试时间提前到了6月上旬。

但愿这些改革能给考生们多带来一些好运。

身份证

在日本，需要证明身份的时候，首先想到的是驾驶证。没有驾驶证的人，拿护照、健康保险证，或者到市（区）役所去办住民票。

在中国，从十多年以前开始实行了身份证制度。年满十八岁以上的公民（在中国，成人年龄是十八岁）都可领到由各地公安机关颁发的"中华人民共和国居民身份证"。身份证上有姓名、性别、民族、地址、出生年月日以及发行编号。无论是在银行存款取款，还是买机票住宾馆，都须要提示身份证。另外，身份证的编号很重要，万一忘了带身份证，只要你记住发行编号，遇到了好说话的人，也可以过关。

在这里值得一提的是，身份证上的"民族"。在中国，许多表格里都有"民族"一

栏。人们在空格里填写"汉族"或"回族"、"满族"、"藏族"、"蒙古族"等等。有的人甚至只写"汉"、"回"、"满"……。对中国人来说，填写民族是日常生活中司空见惯的事情，就连小孩子也都知道自己是什么民族。原因很简单，因为他们是生活在多民族国家，在这样的环境当中，总要意识到自己的所属。而这一点日本人就不一样。我曾经在中国看到过几个日本留学生填写饭店住宿表。填写民族一栏时，他们先是犹豫不决，后来经过仔细商量，每个人都在空格里写下了"日本"两个字。

结婚登记

在日本,办理结婚登记手续很简单,只要带上所需证件,填好结婚登记表,二人双双来到区役所或市役所,提交了填写好的登记表,婚姻就算成立了。

在中国办理结婚登记手续可没那么容易。

几年以前,办理结婚登记时,除了身份证、户口册、未婚公证书等证件以外,还要提交婚前医学检查证明书。所谓婚前医学检查,就是对准备结婚的男女双方进行的身体检查,主要为了预防影响结婚、生育以及遗传等疾病。最近刚刚实行的新婚姻法,废除了这项婚前医学检查,使手续变得简捷、方便多了。

提交了各种证明以后,还要举行颁布结婚证的仪式。新婚夫妇双双进入"颁证室",

站立在国徽下国旗旁,庄严宣誓。

领证员问:"你们是自愿结婚吗?""夫妻双方在家庭中地位平等,你们能做到吗?""夫妻双方有互相扶养的权利和义务,你们能做到吗?""你们能够做到善待双方父母吗?"等等。新婚夫妻一一答完后,接受祝福。然后将领到一册枣红色、烫金字的结婚证书。证书的每页都有一个凹凸印刷的大囍字。

另外,离婚后可以领到离婚证。离婚证书与结婚证书的区别只是把封面上烫金的"结婚证"三个字改为烫银的"离婚证"。

全职太太

"全职太太"是近几年诞生的新词汇。意思是专职主妇。

在中国,多少年来,一般的城市家庭几乎都是双职工。男的自然不用说,女的也是以有工作为荣。男女双方恋爱结婚时,也常常把对方做什么工作当作择偶条件中的重要一项。因此,爸爸是大夫,妈妈是教师;爸爸是军官,妈妈是演员;爸爸是司机,妈妈是售货员,差不多的家庭都是这样"门当户对"的。

记得我上大学的时候,学校里新来了一位日本专家,还带来了他漂亮的妻子。同学们议论纷纷:这位美丽的教授夫人,是做什么工作的呢? 当得知教授的妻子是一名家庭主妇时,都大失所望。为什么堂堂的大学教授会找一个没有工作的人作妻子!? 后来

才知道，在日本，丈夫有足够收入的家庭，妻子选择作专职主妇是很普遍的现象。不过还是觉得受过高等教育、有才有志的女性进入家庭实在可惜。

时过境迁。当今的中国，一切都在发生着巨大的变化。随着越来越多的高收入阶层不断出现，"全职太太"也应运而生了。他们认为，男的在外干事业，女的在家相夫教子是合理的模式。"全职太太"大多受过高等教育和职业熏陶，她们不仅富有，而且很时尚。因此渐渐成为同龄女性羡慕的对象。不过，也有人尖锐地指出，"全职太太"的出现是妇女解放运动的倒退。

辈分

中国人很讲究辈分。

辈分，就是指家族、亲属、朋友之间的长幼关系。比如，爷爷奶奶、姥姥老爷是同辈；爸爸妈妈、叔叔舅舅、姑姑阿姨是同辈；兄弟姐妹是同辈。爷爷奶奶是爸爸妈妈那一辈人的长辈；爸爸妈妈是兄弟姐妹这一辈人的长辈。

中国人无论何时何地都把辈分分得特别清楚。如果是爸爸妈妈的朋友或同事，尽管是岁数不大的年轻人，为了表示尊重，孩子辈的人也不能叫"哥哥姐姐"，而要称呼"叔叔阿姨"。

在日本，比起辈分来，似乎更加重视本人的年龄。比如一个五、六岁的孩子，见到一个二十三、四岁的父母的同事，就不好称呼"叔叔"（おじさん）、"阿姨"（おばさ

ん)，而是要称呼"哥哥"(お兄さん)、"姐姐"(お姉さん)。要是在中国，这是很不礼貌的事。因为一般来说，人们把同事看成同辈。对和父母同辈的人称呼哥哥姐姐，父母就会批评孩子"不懂事"。

另外，日语里常说的「先辈」、「後辈」，指的是学校里比自己年级高或低、工作单位里比自己工龄长或短的人。因此，译成汉语应该说"学兄学姐学弟学妹"或"师兄师姐师弟师妹"。而汉语里的"前辈""后辈"一般指的是比自己辈分高和辈分低的人。至于"先辈"，多指已经去世的人。

年三十儿

"年三十儿"就是"除夕"。在日本,把"除夕"译成「大みそか」,「大みそか」指的是元旦的前一天,也就是阳历十二月三十一日,而中文的"除夕"指的是阴历腊月三十,也就是春节的前一天。

日本「大みそか」的电视节目中,最有代表性的,要数NHK的「紅白歌合戦」了。在中国,类似「紅白歌合戦」的是三十儿晚上的"春节联欢晚会"。不同的是,在"春节联欢晚会"上,不但有歌星唱歌,还有舞蹈、杂技、京剧、相声、小品……。演员,也都是各行当里最著名,最走红的。因此,收看率之高就可想而知了。反正每次在三十儿晚上给中国的父母或朋友打电话时,没有一个人不是在看"春节联欢晚会"的。

人们一边看着"春节联欢晚会",一边

吃年饭,或者饮茶嗑瓜子儿,畅叙团圆之乐。

就这样,人们在吃喝谈笑中迎来新的一年。十二点的钟声一响,外边鞭炮齐鸣。一时间,人的说笑声、电视里的音乐声全被淹没在鞭炮声里。

紧接着,在"拜年!""过年好!"等等欢快的拜年声中,大人们把"压岁钱"——一百块或五十块的人民币纸票递到笑容满面的孩子们手里,然后,各自心满意足地开始守夜。

年夜饭

中国人讲究吃已经是出了名的了。什么"正月十五吃元宵"、"八月十五吃月饼"、"迎客饺子送客面"等等等等,总之,一有机会就吃。

春节是中国最盛大的节日,当然离不开吃。年三十儿晚上的这顿饭叫"年饭"或"年夜饭"。"年夜饭"吃什么,南方北方,以及各个地区有不少区别,总而言之是怎么丰盛怎么做。不过一般来说,"年夜饭"一定要吃鱼。因为"鱼"和"余"同音,用"鱼"来表现"年年有余"。另外北方人一定要包饺子,南方人一定要吃汤圆,以此来象征"合家团圆"。

多少年来,各家各户必定是全家人聚在自己的家里吃"年夜饭"的。然而,近几年来,兴起了一股"年饭外吃"的浪潮。三十

小点心
XIAO DIANXIN

儿晚上,全家人一起穿上盛装,喜气洋洋地到富丽堂皇的大饭店去"团圆"。据说,为了在有名气的大饭店订上一桌"年夜饭",在一个月以前就得预订。人们说,到饭店去吃"年夜饭",一来味道正宗,二来又省了做饭、炒菜、刷锅洗碗的麻烦,这样可以尽情地去享受团圆的快乐。

拜年

中国人过春节的时候有拜年的习惯。

大年初一初二,街上到处可以见到打扮得漂漂亮亮的前去拜年的男女老少。拜年是晚辈向长辈、街坊邻居以及工作单位的同事之间互相表示感谢和敬意的大好机会。因此,人们对此非常重视。一般来说,去给长辈拜年的时候,都要送上一些拜年礼品。比如水果啦,糕点啦,滋补品啦等等。所以,卖水果糕点的商店,过年时总是生意兴隆,顾客盈门。

过去,电话没有普及的时候,拜年的人都是不约而来的。而在家里迎接"突如其来"的拜年之客,也可以感受到一种难得的惊喜。

近几年来,不光是电话,因特网、手机等通讯设备的普及,给拜年也带来了很大的

变化。打电话拜年、用伊妹儿拜年的人渐渐多起来了。人们在电话里这样说："今年就不去看您了，在电话里给您拜个年吧。"

另外，在年轻人当中，写贺年卡拜年也成了时尚。中国的贺年卡，有元旦贺卡和春节贺卡两种。而且除了明信贺卡外更多的是装在信封里的艺术贺卡。在日本，无论是多么可喜可贺的信件，信封的颜色大都是白色的，而中国的贺卡信封，五颜六色。去年，我接到了三封从中国寄来的贺年卡，信封的颜色都是鲜红的。

属相

今年是鸡年。在日本，从元旦那天起就告别猴年进入了鸡年。可是，在中国，干支是从农历正月初一（就是春节）算起的。今年的春节是二月九号，所以，中国的鸡年从这一天才刚刚开始。

我的生日是公历一月五号，而每年的春节大约都在一月下旬到二月中旬之间。因此，我必定要在新年后春节前过生日。也就是说，我的"日本属相"和"中国属相"永远是不同的。来日本以前我一直是属狗的，到日本以后突然变成了属猪的。当初很不情愿，但时间长了，也就无足轻重了。况且听起来属猪的比属狗的还年轻一岁，觉得倒也不坏。只是回中国的时候，又要变回属狗，稍稍有些麻烦。

说到属相，日语与汉语有几个不同的说

小点心
XIAO
DIANXIN

法。比如，汉语的"属猪"，日语不说「豚年」，要说「イノシシ年」。而日语的「イノシシ年」译成汉语时，也绝不能译成"属野猪"。另外，日语的「トラ年」，汉语一般不说"属老虎"而说"属虎"。「ネズミ年」，一般说"属鼠"，而很少说"属老鼠"。

あいさつする

p.6

　日本人どうしが会うとき，たいてい頭を下げておじぎをしながらあいさつをしますね。背筋をピンと伸ばしたまま「こんにちは」と言う日本人を見かけることはほとんどありません。いまの中国人にはおじぎをする習慣がないかわりに，お互いに握手をして親しみを表すのです。

　中国語でいちばんよく使われているあいさつの言葉といえば，なんといっても「ニイハオ」で決まりでしょう。初対面でも，旧友と再会したときでも，さらには昼といわず夜といわず，「ニイハオ」は大いに力を発揮してくれます。「ニイハオ」さえ話せれば中国全土どこへ行っても大丈夫と言う人さえいるくらい。とはいっても，しょっちゅう会う友達どうしなら，「ニイハオ」を使ってあいさつをすることはあまりありません。たいていは，「ごはん食べた？」とか，「どこ行くの？」「仕事終わったの？」というふうに言います。それから，お互いの名前を一声呼び合うだけで，さっとすれ違うというのもよく見かけます。たとえば，Aさんが「張紅！」と言えば，Bさんが「李兵！」と返すといった感じです。

　ある日本の友人が私にこんな面白い話を聞かせてくれました。彼が中国に留学していたときのこと，ある日，先生の真正面に出くわして，あいさつをしようと思ったところ，先生が突然彼の名前を呼んで「よう，山田君！」と言いました。彼はとっさに立ち止まり，うやうやしく返事をして「先生，どんなご用でしょうか？」先生はわけがわからず彼をじろっと見てひと言，「いや別に」と言って立ち去ったのでした。

古い友達

p. 8

　中国人は友達づきあいを大切にします。中国のことわざに「最初は他人、二度目は友人」というのがあります。つまり、初めて会ったときは見知らぬ人であっても、次に会ったときにはもう親しい人になっているという意味です。ですから、一度でも会っていれば、その人を"老朋友"（古い友達）と呼んでもさしつかえないのです。

　日本人は他人とつきあうとき、特にまだあまり親しくなっていない場合には、ややもすると相手と一定の距離を保とうとしますね。できるだけ相手の「プライバシーの領域」には立ち入らないように。でも中国人は親しみを示すためや、好意と相手への関心を示すために、たいてい相手との距離を縮めようと努力するのです。たとえば、初対面でも、「結婚してますか？」「給料は１か月どのくらいですか？」「お父さんはどちらでお仕事されていますか？」といった質問をすることがあります。いったん仲良くなってしまえば、文字どおり「何でも話し合える仲」になれるのです。ちょっと前に私が中国へ帰省した折に、大学時代の親友に会いました。彼女は私に親身になってきいてきました。

「貯金はどのくらい貯まったの？」
「あなたが買った家、いくらだったの？」
「日本では子供を何人産んでもいいって聞くけれど、どうしてもう一人産まないの?!」

名前へのこだわり

　だれでも自分の名前には特別な感情を抱いているものです。たとえその名前が、自分に自我が芽生える前に両親から押しつけられたものであったとしても。

　同じように自分の名前を大切に思っていても、日本人と中国人では、愛着の表し方に大きな違いがあります。ある日本の友達が不満そうに言っていました。僕の名字は「渡邊」なのに、中国の同級生にいつも「渡辺」と書かれてしまう。そのつど訂正してやると、納得できない様子で「わかってる。簡体字のほうが書きやすいだろ、どうせ意味は同じなんだし」と言われてしまうんですよ。

　確かに、現代中国語では、繁体字も簡体字も意味は100パーセント同じです。だからこそ中国人は日本人がなぜ「邊」と「辺」の区別にそんなにこだわるのか、さっぱり腑に落ちないのです。たとえば、中国人の劉さんは、自分の名字が「刘」と書かれようと「劉」と書かれようと、こだわったりしないでしょう。

　ところで、かつて日本の友達が無意識に行ったふるまいに、中国人の私はびっくり仰天したことがありました。あるとき、教職員の新年会があって、会費を幹事の方に払おうとしたときのことです。その人は私から会費を受け取りながら、手に持った赤鉛筆で私の名前の上に、いささかの遠慮もなく大きな赤い×印をつけたのでした！

　思わず私はドキッとしました。なんてことを！　中国では名前の上に×印をつけられるのは、死刑の判決を受けた人だけなんです！

たかが手土産，されど手土産   p.12

　親しい人の家へ遊びに行くのに，手土産を何にするか。これについては人それぞれこだわりがあるものです。日本人の友人の話では，みんなで集まってパーティーをするような場合は，ワインだとか，ケーキや果物といった食後のデザートを持っていくのが一般的とか。これなら，もてなしのテーブルに花を添えることができますし，お気に入りのお酒やお菓子を友達と一緒に楽しめますね。

　中国人が友達の家を訪ねるときに選ぶ手土産は，たいていパーティーそのものとはなんの関係もありません。たとえ果物やお菓子を持っていったとしても，それはパーティーに出してみんなで食べるものではなく，その家のご主人に後日ゆっくり味わってもらう目的のものです。

　日中間のこうした一見ささいな違いが，日常生活の中でたびたび小さな誤解を生みます。たとえば，ある中国人留学生はこう言っていました。お正月にクラスメート何人かで先生の家にお邪魔したときのことです。先生自身が飲むために取って置いてもらおうと，茅台酒を1本提げていったのですが，驚いたことにいきなりその場で開けられました。そしてみんなでぐいぐい飲んで，たちまちひと瓶空にしてしまったのです。なんてもったいないことをするんでしょう！　ところが，ある日本人の友人からは，こんな話を聞かされました。中国人のクラスメートの家に食事に招かれて，チョコレートケーキを持っていったんだけど，最後の最後まで出してくれなかったわ，ですって。

　ケーキがこの友人の口に入らなかった理由は簡単で，中国では客をもてなす側は，私はお客さんのためにご馳走をたっぷり用意しておきましたよ，ということを示すために，お持たせは出さないのが普通だからなのです。

「わざわざ」

　仲の良い友達にプレゼントをする、というのは日常よくあること。日本人は贈り物をするとき、たいていいつも「つまらないものですが、どうぞ」（＝「別にたいしたものではありませんが、どうぞお収めください」）と言います。受け取るときには「わざわざすみません……」（＝「これは私のためにわざわざ買っていただいたのでしょう、まことに恐縮です」）と言ってから「素直に従って」贈り物を受け取ります。こうして「贈答の儀式」は短時間のうちにかたがつきますね。

　中国人が贈り物をするときは、日本人とはちょうど正反対です。たいてい「これはあなたのためにわざわざ買ったんですよ！ほら、きれいでしょう！」などと言います。そればかりか、中国人に贈り物を受け取ってもらう場合も、ことはそれほど「簡単」ではありません。贈り物の軽重を問わず、受け取る側はまず「いえいえ結構です！　どうしてまたこんなに気を遣うのです！　お持ち帰りください」とか「ご自分でお召し上がり（お使い、お召しになって）くださいな」と言わなくてはいけません。そうやってひとしきり辞退のやりとりをしてから、ようやく受け取るのです。贈る側もその点心構えができていて、「これはあなたのためにわざわざ買ったものです」と、言うと同時に贈り物を相手の手に握らせます。

　中国人の習慣がわかっていない外国人が初めてこのような場面に出くわしたら、きっと理解しがたいでしょう。「いりませんったら！」「お持ち帰りになって」と言われると、がっかりしてしまって、どうしたらいいかわからなくなりますよね。それに、中国の友人から贈り物を受け取るとき「わざわざあなたのために買ったものです」と言われたら、気持ちの上で負担に感じることもありますし。でも実はそれほどたいしたことではないのです。「お持ち帰りください」と辞退するのは単なる儀式にすぎません。「わざわざあなたのために買ったものです」と言うのもただ、「これは心をこめてあなたのために選んだのですから受け取ってください。」ということをはっきり表したいだけなのです。

「おなかすかない?」 p.16

　もうすぐお昼の時間としましょう。あなたの友達(仲の良い友達は例外として)が「おなかすかない?」と尋ねてきたら、なんて答えますか?

　試しに以前、日本の友達にきいてみたところ、ほとんどの人の答えはこうでした。「そうね、食事しに行きましょうか」。同じ質問を今度は中国の友達にしてみたら、ほとんどの人がこう答えました。「別に、すいてないよ」。

　冬の日の教室で、暖房がいささか効きすぎているような場合、「暑くないですか?」と私が言いますと、日本人の学生なら窓のそばに座っているだれかが席を立って窓を開け、空気を入れ換えてくれます。ところが中国人の学生だったらこうです。「かまいません、平気です」。

　この歴然と違う反応に、私は尽きせぬ興味を呼び起こされました。日本の友達の話によると、日本人にとって「おなかすかない?」という言葉の真意は、私はおなかがすいたので食事に行きたいけれど、あなたはどう? ということなのだそうです。ですから、そう言われたら普通は相手にあわせて「はい、じゃ食事に行きましょう」と答えます。ところが中国人は「おなかすかない?」と言われたら、ああ、これは相手が自分に対して気を遣っているんだな、と解釈します。ですから相手に気を遣わせないように、たとえおなかがすいていても、たいていの場合とりあえず否定するのです。

　「心の奥底」に隠れているこうした心理の働きは、言葉の背後にある考え方や文化習慣がわかりやすい形で現れたものです。つまり、ある言語をマスターしよう、また、相手とスムーズにコミュニケーションをはかろうとするなら、その思想と文化に対する理解もおろそかにしてはいけないということです。

　ついでにひと言。もし本当におなかがすいていて、中国人の友達を食事に誘いたいなら、単刀直入にこう言うのがいちばんです。「ちょっとおなかがすいてきたから、いっしょに食事に行きませんか?」

「お疲れさま」

　近ごろ日本の友人が愚痴をこぼすのをよく耳にします。いわく、今どきの若い人ときたら、言葉遣いがどんどん乱れてきて、なってないわね。ほら、先生に向かって「ご苦労さまでした」とか、「お疲れさまでした」なんて言う学生がいるけれど、それはないでしょう。だって、それって本来は目上から目下に言うあいさつじゃないの！

　と、ここまで聞いたところで私はいつも返事につまってしまいます。というのも、私自身が今まで、どれだけ年長の人に向かって「お疲れさまでした」と言ってきたことか。

　日本語の「ご苦労さまでした」や「お疲れさまでした」は、中国語で言えば"辛苦了"か"受累了"です。中国ではどちらも年長者に対して使うことができます。たとえば、「主任、ご苦労さまでした」、「おばあさん、お疲れさまでした」というふうに。また、映画やテレビでときたま軍の幹部が兵士を慰問する場面を見ることがありますが、将校が兵士に向かって「同志諸君、ご苦労！」と言うと、兵士たちは口々に「長官、ご苦労さまです！」と応じています。

　聞くところでは、日本では、目上の人を褒めたたえたり励ましたりするのは失礼な行為にあたるそうですね。たとえば、「先生、授業がなかなか上手ですね」、「社長、これからも頑張ってください」など。けれどもこうした言い方は、中国では珍しくも何ともありません。目下の人が年長者をこんなふうに励ますこともよくあります。「先生の論文、実によく書けていますね」、「さすがに博識でいらっしゃる」、「これからもいっそう頑張って、もっと立派な業績を上げてください」。

コートとマナー　　　　　　　　　　p.⑳

　ある日、大学の事務棟でエレベーターを待っていたときのこと。黒い厚手のウールのコートを着た日本人学生が歩いてきました。見れば浮かない顔をして、ひどく不安げです。「どうしたの」と私が声をかけると、彼はおずおずと答えました。「さっき教授の部屋に入るときに、コートを脱ぐのを忘れてしまって、とても失礼なことをしてしまいました。お詫びに行ったほうがいいんでしょうか……」

　これを聞いて、私はこの学生に頭が下がる思いがしました。と同時に、以前ある日本人の先生から言われたことを思い出しました。中国人の知り合いで、頼み事をしに来て、研究室にいる間じゅうずっとコートを脱ごうとしない人がたまにいる。この程度ならまだしも、一部の留学生に至っては、コートを着たまま授業を受けるようなありさまで、まったく目に余ると。

　確かに中国人は、部屋に入るのにコートを脱ぐか脱がないかについては、あまりやかましくありません。日本では、人のお宅に伺うとき、コートは玄関に入る前に脱いでおくもので、そうしないとマナー違反になってしまうのだそうですね。中国では、人の家にお邪魔しても、長居する気がなければ、コートを脱がないことがしばしばです。主人側と訪問客の間では、いつもこんなやりとりが交わされます。「そんなに急いで帰らなくてもいいじゃありませんか。コートを脱いで、ゆっくりしていってください。」「いえいえ、ほかに用がありますので、もうおいとましないと。」

　よく考えてみれば、玄関の前でコートを脱ぐというのも、温暖な気候に恵まれた日本ならではのマナーです。もし中国の北部だったら、冬の寒さはそれこそ身を切るほど。そんな中、玄関の前でコートを脱いだりしたらどうなることか。想像するだけでぞっとします。

タブー

　日本の友達から聞いたのですが，日本人は数字の「4」と「9」を嫌うそうですね。というのも，日本語の「死」と「苦」と音が同じだから。ほかにも，病院へお見舞いに行くとき，鉢植えの花を贈ってはいけない。なぜなら，病人が病院に根付いて病気が長引くかもしれないから，なのだそうです。

　これに似た「タブー」は中国人の日常生活でも，よく見られます。たとえば，梨を食べるときは切り分けて食べてはいけません。梨を切り分ける，すなわち"分梨"は，"梨"と"离（離）"が同じlíの音なので，"分离"（別れる）を意味するからです。ほかにも，中国人は贈り物をするとき，時計を贈るのは一般にはタブーとします。というのは，"钟"（時計）と"终"が，同じ音（zhōng）だからです。つまり，"送钟"と聞くと，"送终"と連想しかねません。"送终"とは「臨終を看取り，お葬式を出す」という意味で，縁起が悪く聞こえるのです。

　とはいっても，もちろんタブーというのは風俗習慣の産物ですから，内情に通じていない部外者が往々にしてタブーを犯してしまうことは避けられません。中国人は「知らぬ者はとがめるな」とよく言います。これは私が自分の目で実際に見た例ですが，あるアメリカ人の学生が中国で，恩師の60歳の誕生日に，小さくて精巧な目覚まし時計を贈りました。その場に居合わせた人はみなびっくりして固まってしまったのですが，先生はというと，朗らかに笑ってこう言ったのです。「なんとまあ，立派な"表"（時計）じゃ！　どうもありがとう！」

（注：一般に，"钟"は据え置き型の時計を，"表"は腕時計などの小型のものを指します。目覚し時計は"闹钟"と言われることが多いですが，"表"と言うこともあります。）

白い紙に黒い字

　日本では、「白い紙に黒い字」で書かれた通知や告示をよく見かけます。白い紙の上に黒い字で書く、日本人が見れば、別に珍しくもなんともないでしょう。でも中国では、裁判所の前の判決書とか、お葬式を出した家の「忌中」の張り紙以外、このような白地に黒い字の張り紙を目にすることはほとんどありません。

　友達からこんな話を聞いたことがあります。ある時、日本の学生が中国語スピーチコンテストを開きました。会場の中央には目立つように白地に黒い字で横断幕が掲げてあり、「中国語スピーチコンテスト」と書いてありました。この光景を見た審査員の中国人の先生は、きわめて真剣に学生に向かって言ったのです。

　「白い紙を使うべきではない。コンテストの標語は赤い紙に書かなくちゃならん。」

　白地に黒い字は、中国人の目には不吉な組み合わせに映るのです。主として、お葬式や警告の通知などの場合にのみ使われます。思い出すのは、大学生の時、キャンパスの壁新聞の掲示板に張られた告示です。赤い紙に白い字か黒い字かどちらかで書かれたものは、よく見なくてもそれが表彰だとわかるのでした。反対に、白い紙に黒い字で書いてあったら、間違いなく警告か、学生のだれかの処分通知だとわかるのです。

　みなさんが今度中国へ行くことがあったら、ちょっと気にとめて観察してみてはいかがでしょう？　きっと無数の、色とりどりの告示や通知、スローガンなどが目に入ってくることでしょうが、一方、白い紙に黒い字はいくらもありません。

採点に仰天

　私は80年代に中国で大学に入りました。専攻は日本語です。当時、中国の大学には外国籍の先生はきわめて数が少なく、3年生に進級してからようやく日本人の先生の授業を受ける機会ができたほどです。その頃のたくさんのことを今でもまだ昨日のことのように覚えています。

　あれはリスニングの授業でのこと。日本人の先生が採点を終えた宿題を配りはじめました。初めて日本人の先生に宿題を採点してもらったので、みんなどきどきはらはらしていました。急いで自分のノートを開いた直後、いっせいにしばらく黙り込んでしまいました。なんと、だれも予期していなかったことに、みんなのノートにはどれも赤いマルが書いてあったのです！

「まさか？　全問不正解だなんてことが？」

　みんなしかたなく、先生にいったいどういうことですかと尋ねました。ことは簡単、マルの印は「正解」の記号だったというわけです。

　中国では「正解」を表すときは、マルではなく、チェックマークの「√」をつけます。「√」は"对钩儿"（正確のチェック）とも言い、その名のとおり「正解」の記号です（日本では「√」は「間違い」を表しますから、ちょうど正反対ですね）。中国人の先生が宿題を採点するときにはたいてい、「√」で正解を、「×」で不正解を表します。「○」は「ここに問題があるので注意しなさい」という意味なのです。

　ただし、習字の宿題を採点するときには、中国人の先生も、よく書けた筆遣いの上にマルをつけることがよくあります。ここのところは上手に書けているという意味です。これは日本の採点方法とよく似ていますね。両者の間にどのような由来があるのか、研究してみるのもいいかもしれません。

東西南北

p.28

　海外へ旅行に出ると、道を尋ねるときにも外国語を使わなければなりませんね。もともと道に迷っただけでも気持ちがあせっているのに、言葉が不自由となればいっそう、不安で気が気ではなくなるというものです。

　来日したばかりのころ、私は道を尋ねるときには前もって、「質問」をよどみなくすらすら言えるようになるまで暗記してから、思い切って「舞台に登場」したものでした。ここまでしても、相手の返答にわずかでも予想していなかった単語が出てくると、ただちにもうお手上げだったのです。

　中国には広大な国土に方言がたくさんありますので、道を尋ねるなら共通語に精通した人を探すようにしないといけません。そうでないと、相手はあなたの言うことを理解できても、あなたには相手の言うことがチンプンカンプン、ということになります。もちろん、北のほう、特に北京では、こうした問題はありえません。ただ、一つだけ注意すべき問題があって、それは北京の人の「東西南北」です。北京の街なかは大通りも横町もみな碁盤の目のようになっていて、東西南北がはっきりしています。ですから、北京の人は「東西南北」の概念が頭の中にしっかりと根付いているのです。道を尋ねてみると、こんなやりとりになるでしょう。

　「おじさん、駅へはどう行けばいいでしょう？」

　「ここから東へ行って、信号を渡ったら南に折れて、道の西側がそうだよ」

　外国人に限らず、中国の北京以外の人にも、必ずしもこれで通じるとは限りません。そんな時はあわてずにこう言えばいいのです、「すみません、私は外国人ですから、ゆっくり話してくださいませんか？」。そうしたら、北京の人はすぐさま意を汲んで、辛抱強く、東西南北を前後左右に言い換えてくれますよ。

どう違うの？

　日本語の「お土産」と「プレゼント」は、中国語に翻訳するとどちらも"礼物"です。たとえば、「これは上海から買ってきたお土産です」と言うときの「お土産」は、中国語では"礼物"。「これは私からの誕生日プレゼントです」の「プレゼント」も同様に"礼物"と言います。

　ですから、「お土産」と「プレゼント」の区別がいささか曖昧な中国人もけっこういて、よくこんなふうに言ってしまいます。

　「これは中国から買ってきたプレゼントです」

　「誕生日のお土産、ありがとう」

　これは日本人には中国語の"脚"と"腿"の区別がつきにくいのと同じことです。"脚"（足首からつま先まで）も"腿"（ももから足首まで）も日本語では「足」ですから、ときどき日本の学生は"腿"を指して「脚が痛い」とか、"脚"を指して「腿をねんざしてしまった」と言ったりします。

　このような「やっかいな問題」は外国語を学ぶにあたっては実際に避けられないことです。かつて私も「かゆい」と「くすぐったい」の区別がなかなかつきませんでした。中国語ではどちらも"痒"だからです。もちろん辞書で調べたり先生に質問したりはしたのですが、いざという時にまったく役に立たないのです。ある時、当時まだ４つだった娘に「教えをこう」てみました。彼女の答えはこうです。「こんなこともわからないの？『かゆい』ときはかきたくなって、『くすぐったい』ときは笑いたくなるの」

　あまり模範的な説明とは言いがたいですが、それでも目からうろこが落ちたようで、その後同じ言い間違いをしなくなりました。

　外国語を学び単語を覚えるときは、こんなささやかなヒントもおろそかにしてはいけないのですね。

「いただきます」はなんと言う？　p.32

　日本語には，セットになったあいさつがたくさんありますね。例をあげれば，「いただきます⇄召し上がれ」，「ご馳走様⇄お粗末様」，「行ってきます⇄行ってらっしゃい」，「ただいま⇄お帰り」などなど。これは一見わずらわしそうですが，なかなかどうして，外国人にしてみれば，丸暗記するだけでもう自由自在です。一方中国語では，こうしたセットのあいさつはずっと数が限られています。たとえば，出かける人が"我走了"と言ったら，家に残る人は"走吧"（行っておいで）とも，"嗯"（ああそう），"小心啊"（気をつけてね）とも返せますし，"早点儿回来"（早く帰ってきて）なんて答える人もいます。要するに，これという決まった言い方はなく，完全にケースバイケースなんです。それはまだいいとして，一番頭が痛いのは，日本語にあって中国語にない言葉。ほら，日本人はご飯を食べるときに「いただきます」と言うでしょう。けれども中国語でそれに相当する表現は，なかなか思い当たりません。よく人から「『いただきます』は中国語でなんて言うの」ときかれますが，そのたびに私は困ってしまいます。もしだれかの家にお邪魔して，そこのご主人がせっせとお酒や料理を勧めてくださった場合は，その流れで"那我就不客气了"（では遠慮なく）と言えます。ですが，日本人は自宅でご飯を食べるときにも「いただきます」と言いますよね。この場面で，"那我就不客气了"を使ったら，まるでとんちんかん。ましてや，お客さんをもてなしている最中に主人がそんなことを言うなんてなおさらです。

　一般的に，中国人が家で食事をする際には，一家のあるじであるお父さんかお母さんの"吃吧"（食べようか）の一声で，家族一同無言のうちに料理に箸をつけます。また時には，だれかの"我先尝尝这个"（まずはこれから食べようかな）とか，"这是什么鱼？"（この魚は何）といった一言がきっかけで食事が始まることもあるでしょう。そしてお客さんを迎えての食事はといいますと，主人が，"来，吃吧，别客气."（さあどうぞ，遠慮しないで）と言いつつ食べ始めるのが典型的なパターンです。

なんと答える？

日本語の「はい」は、一語でなん通りもの返事ができる、とても便利な言葉です。"你是日本人吗？"（日本人ですか）にも、"你喝啤酒吗？"（ビールを飲みますか）にも、"她漂亮吗？"（彼女は美人ですか）、"听懂了吗？"（わかりましたか）、"我用一下你的辞典行吗？"（辞書を使わせてもらえますか）、"请填一下姓名地址."（お名前とご住所を記入してください）などにも、肯定するか承知するなら「はい」一つで答えられます。けれども中国語は複雑です。"你是日本人吗？"には"对."か"是."、"你喝啤酒吗？"には"喝."、"她漂亮吗？"には"漂亮."、"听懂了吗？"には"听懂了."、"我用一下你的辞典行吗？"には"行."か"可以."、"请填一下姓名地址."には"好."か"好的."と答えます。

要するに、中国語には日本語の「はい」のような応答用の言葉がなく、文法や文型によって、臨機応変に答え方を変えるのです。そして、もしそれが見当違いだったりしたら、相手はきょとんとするでしょうし、事と次第によっては要らぬ誤解すら招きかねません。たとえば中国では、授業の初めに出席をとる際、生徒は"到！"と答えます。日本語にすると、これも「はい！」ですね。ところがこの"到"、使うのはもっぱら出席をとるときだけです。たとえ同じように授業中であろうと、先生が生徒を指して質問する場合は、やはり同じように生徒の名前を呼んでも、ここでは"到！"と返事することはできず、直接質問に答えればそれでよし。日本の中国語学習者には、"到！"イコール「はい」だと思い込んでいる人がかなり多く、自分の名前を呼ばれると反射的に"到！"と元気よく答え、この思いもよらない反応に中国人教師はびっくり仰天、なんていうことがよくあるんですよ。

配慮の言葉

p.36

　病院にお見舞いに行くとき、日本人は決まって病人にはこう言いますね。「ちょうど近くに用事があったから、ついでにちょっと立ち寄ってみたの」。中国人だったら絶対にこんなふうには言いません。普通はこうです。「ずっと来ようと思ってたのに、なかなか時間がとれなくて、今日やっと半日休みをとって、わざわざやって来たの」。

　もし入院しているのが日本人だったら、こんなセリフを耳にしたとたん、あらたな憂鬱に陥ってしまいます。「わざわざ私のために？」。

　逆に見舞われる側が中国人だと、日本人に「ついでに寄ってみた……」と言われたら、心中穏やかでなくなるかもしれません。「え、じゃあもしここを通りかからなかったら、私の見舞いには来なかったっていうの?!」

　ほかの例をあげましょう。友達にプレゼントを贈るとき、中国人なら「これはあなたのためにわざわざ買ったのよ、お店をあちこち回ってやっと見つけたんだから！」と言うのが好きです。でも日本人ならよくこんなふうに言いますね。「これは実家から送ってきたものですが、一人じゃ食べきれないからどうぞ」。

　日本人は受け取る相手の気持ちに負担をかけないように、相手に施す「恩」をできるだけとるに足らないもののように言うのが普通です。ところが中国人は常に自分の真心をはっきりと示すために、ありったけ大げさに自分の誠意を言い立てるのです。

　たかが社交辞令と言うなかれ、日中の間にはこれほどまでに大きな違いが生じているのです。言語とはそれぞれに違う文化の土壌で育ってきたもので、どちらが優れているとか、どちらが正しいとかいうものではありません。ただ、少なくともこのように考えてみてはいかがでしょうか。日本に身を置いているなら日本語で交流し、日本式の表し方や考え方を理解しマスターすべく努力すべきでしょう。立場を逆にしてもやはり同じことが言えます。そうすれば、しなくてもすむ誤解を避け、真の意味で、友好交流の目的を果たすことができるでしょう。

冷たい食事と温かい食事

　日本人は季節を問わず一年中、冷たい飲み物や冷たい食事をとりますね。たとえ冬のいちばん寒い日でも、レストランの店員はたいていお冷やを運んできてから注文をとります。

　代表的な日本料理の「寿司」も冷たいご飯で作りますし、お弁当もほとんどは冷たいものです。毎日お弁当を持って行く学生や勤め人もみな、冷たいご飯を食べています。

　中国人は、特に北方の人はまるっきり正反対で、飲み物も食事も温かいものを好みます。特に米のご飯はぜったいに温かくないといけません。飲食面での生活の変化につれて、今では冷えたビールやジュースなども冬の食卓に上るようになったとはいえ、冷やご飯だけはいまだに受け入れがたいのです。日本にいる中国人の多くが、日本料理は好きだし、特に刺身は大好物と言うものの、寿司だけはやっぱり受けつけないと言います。刺身が大好きで寿司が食べられないとは、なんだか矛盾しているように聞こえますが、実に単純な理由で、寿司飯が冷えているからなのです。

　中国人にもお弁当を持参する習慣はあります。日本と違うのは、どの職場にもご飯を温める設備があり、しかも、弁当箱はみな耐熱式という点でしょう。毎日、職場に着くと、お弁当を持参した人はまっ先に、弁当箱を温飯器に入れます。こうして、お昼にほかほかの食事をとることができるのです。

　でもたまに、こんなおもしろい事件も起きたりします。

　「お前、せっかく持って行った弁当をどうしてまた持ち帰ったんだい？」と夫が尋ねると、妻の答えは「あれ、温めるのを忘れちゃったので、お昼は外で済ませたのよ！」

餃子

p.40

　中国料理といえば、なんといってもまず餃子を思い浮かべますね。でも日本風の焼き餃子は中国では餃子と呼ばず、"锅贴儿"といいます。中国人にとっていわゆる餃子は多くの場合「水餃子」を指し、ゆでた餃子のことです。さっぱりした味を好む日本人にとって水餃子は比較的受け入れやすいのでしょう、日本の友達が、また中国の水餃子を食べたくなったよ、というのをしばしば耳にします。

　餃子は中国北方の家庭料理です。中国人が家で餃子を作る場合にはたいてい一家総出でめいめいが得意な作業を分担します。お父さんが小麦粉をこねれば、お母さんが餡を作り、だれかが皮をのばすと、ほかのだれかが包む、という具合に。こうしてみんなで心を合わせてとりかかれば、ちょっとした時間でたちまち餃子を100個でも作ることができるのです。

　中国の餃子と日本の餃子には、水餃子と焼き餃子といった違いのほかに、食べ方にも大きな違いがあります。日本の食卓では餃子はただのおかずの一つにすぎず、餃子のほかにもサラダやら炒め物やらなどのおかずがあって、当然主食であるご飯も食べますね。一方中国では、餃子そのものが主食とおかずを兼ねているのです。餃子の皮が主食、餡がおかず、とも言えるでしょう。餃子の皮がご飯やパンにあたり、餡が炒め物やサラダに相当するというわけです。ですから、中国人が餃子を食べるときには、ほかの副食をいっしょに食べることはあっても、餃子を食べながらご飯を食べたりは絶対にしません。中国人の目から見ると、餃子を食べながらご飯を食べるようなことは、パンをおかずにしてご飯を食べるようなものなのです。

　今や中国の冷凍食品産業はますます盛んになっていて、冷凍の餃子がだんだんと食卓を占領し始めました。家族みんながそろっていっしょに餃子を包むというような心温まる光景も、しだいに見られなくなるでしょう。

トマトに砂糖？

中国人に最も好まれている日本料理は「すき焼き」が筆頭でしょう。なんといってもアツアツを食べるからですが、さらに牛肉や白菜、「しらたき」、豆腐、しょうゆと、材料といい、味付けといい、中国人の口に実に合うのです。ただし、食べるときに生卵につけるという点では意見が分かれます。

生卵といえば、日本の友達が生卵をほかほかのご飯の上にかけるのを目撃したときの「ショック」は忘れられません。だって中国人は生卵を食べたりしませんから。ほかにも、日本人はよく赤飯やトマトやスイカの上に塩をふりかけたり、お餅にしょうゆをかけたりしますが、それは中国人にとってみれば、なんとも不思議な組み合わせです。

当然、日本人にとってみれば中国料理にも不思議な組み合わせが数え切れないほどあるでしょう。有名なものに「冷やしトマトのあえもの」があります。トマトを切った上になんとまっ白な砂糖！をたっぷりかけるというしろもの。こればっかりは日本の友達はいつも驚いています。そのほかにも、キュウリの炒めもの、レタスの炒めもの、セロリの炒めもの、トマトの炒めものなんてのも。スイカ、イチゴ、おかゆ、お餅に砂糖をかけるというものも、日本人には思いもつかない食べ方でしょうね。

郷に入っては郷に従え、とよく言います。日本に暮らす年月が長くなり、かつて不思議に思ったこともいつのまにか当たり前になってしまいました。そんな時たまたま中国に帰国して「冷やしトマトのあえもの」を口にしたとたん、この上なく懐かしい感じがすると同時に、日本人のあの奇異な目つきの向こうにある気持ちが理解できた気がしました。

お米のとぎ方   p.44

　中国人も日本人もお米は大好物。一日三度の食事すべてに米のご飯を食べる日本人もいると聞きます。

　中国は北と南では飲食の習慣にかなりの違いがあり、一般には、「北は小麦粉食品を好み、南は米を好む」と言われています。南の人は日本人の習慣と似通っていて、ほぼ毎食お米を欠かすことはありません。

　日本にいるこの数年間、日本の友人がお米のとぎ方についてさも楽しそうに話しているのをよく耳にしました。たとえば、「お米をとぐなら短時間のうちにむらなく揉み洗いして、表面の糠(ぬか)を洗い落として、とぎ汁が透き通ったところで止めるのよ。揉み洗いのときには力をこめて、でも米粒が砕けない程度に。」商店ではお米をとぐための容器すら売っているほどです。

　一般的に言って、中国人がお米をとぐときに揉み洗いはタブーです。お米を3、4回さっと軽くすすぐのが普通です。埃を洗いとったらすぐに鍋で炊きます。あまりとぎすぎると、お米の表面のビタミンを壊してしまう恐れがあると言う人もいます。

　日本人がお米をとぐのを初めて見たときは、私もどことなく違和感を覚えざるをえませんでした。でも日本のやり方を何度か試してみると、確かに炊き上がったご飯は白くて、つやもかみごたえもあります。そこで中国に帰ってからみんなに大々的に宣伝しました。最初のうちは、家の者は私の言うことを全然取りあってもくれず、それは日本の米だろう、こっちの中国の米はやっぱり揉み洗いしちゃダメだ、なんて言う始末。それでも私は引き下がらず、台所へ立って日本流のとぎ方で雪のように真っ白く、透き通るようなご飯を炊いてやったのです。すると幸い、家族の反応は上々だったので、私はその後の数日「強制的に」、日本流のとぎ方を押し通しました。

　ところが、その後1年たってまた両親のもとへ帰省してみると、案の定、わが家のお米のとぎ方は、また相も変わらぬ昔ながらのやり方に逆戻りしていたのでした。

朝ご飯

p.46

　私が来日して、もう足かけ19年になりました。もし人から、中国へ里帰りしたら一番食べたいごちそうは何、と聞かれたら、私は水餃子でもショーロンポーでもなく、街のあちこちにある、なんとも見栄えのしない"早点"屋さんの"早点"と答えます。

　"早点"とは"早饭"(朝ご飯)のこと。もともとは朝に食べる軽食のことをいったようです。私のふるさと、天津では、「"早饭"を食べる」と言う人はまれで、みんな「"早点"を食べる」と言います。

　日本人の朝ご飯には、パンとミルクにサラダとハムの洋風メニュー、それに、ご飯と焼き魚とお味噌汁の和風メニューがありますね。洋食にしろ和食にしろ、たいてい自分の家で作って食べますから、どの家庭の主婦も朝は朝食作りに大忙しです。

　中国人の朝ご飯もバラエティーに富んでいます。中国式の"烧饼"(発酵させた小麦粉の生地を丸くのばして焼いたもの)や揚げパン、豆乳、おかゆ、おぼろ豆腐に"油茶面"(小麦粉に牛の骨髄や牛脂を加えて炒り、ゴマ・クルミなどを混ぜたもの。これに砂糖を入れ、熱湯を注いで食べる)。それから洋風の、パンとミルクとハムの取り合わせもありますよ。ここ数年で、朝ご飯はパンにミルクという人も徐々に増えつつありますが、昔ながらの中国式の朝ご飯も根強い人気を誇っています。

　中国では朝ご飯は買って食べるのが一般的で、大通りといわず路地といわず、"早点"屋さんはどこにでもあります。自転車通勤するサラリーマンたちの多くが、「出勤途中に朝ご飯」派で、彼らはお店の外に自転車を止め、"早点"屋さんの店内で朝食をとってから会社へ向かいます。また朝ご飯をテイクアウトして家に帰り、家族そろって仲良く食べる人もいます。朝ご飯を済ませた後、いざ職場へ、学校へと出かけるのです。

　日本ではさまざまな味わいの中国料理を口にすることができますが、昔ながらの中国式の朝ご飯だけはそうもいきません。ですから私は、中国に行って最初の朝食は、中国式の朝ご飯と決めているんです。焼きたての"烧饼"、目の前で揚げてくれる揚げパン、そこへ熱々の白い豆乳とくれば、もうこたえられません。

魚の骨の置き場所　　　　　　　　p.48

　中国料理を食べる際は、取り分け用の小皿を使うのが一般的です。テーブル中央の大皿に盛られた料理を、銘々の小皿に取ってからいただきます。

　では仮に料理の中に、えびの殻や魚の骨のような、食べられないものが出てきたとしましょう。日本人なら、たいていこうしたものを小皿の端に寄せ、そのままお皿の中に残されたきれいな「スペース」を使い続けます。一方中国人の場合は、「お皿から追放処分」にして、テーブル上へ放り出すのが普通です。このことについては双方で意見が分かれていて、食べかすをテーブルに散らかして汚らしいったらない、というのが日本人の言い分。対して中国人は、「ごみ」と料理を一緒くたに同じ皿に載せるなんて、まったく信じられない、と考えています。ですがこの議論、どちらもそれなりの根拠と理由があってのことですので、互いに非難し合ってもなんの意味もありません。

　日本人の家庭では、家に上がるときに靴を脱ぐことになっていて、床はじかに座ったり、寝そべったりできるくつろぎの場にもなります。いうなれば、床は中国人の家にある「ベッド」のようなものですから、そこにごみが落ちるのはとても気になるわけです。では、もしごみをテーブルに置いたら？　きっとテーブルを片付けるときに、床に落ちてしまいます。そこで環境を「汚染」から守るため、自分一人で「やっかい」を抱え込もうとするようになり、それがいつしか習慣になったのでしょう。けれども、中国人は家に上がるときにまず靴を脱ぎませんし、床と外の地べたは一続きになっています。そして床が汚れても、ほうきでささっと掃けばすぐにきれいになります。このため、床にごみが落ちることをあまり気にしません。それよりも大事なのは、食事をする際の便利さです。

　近ごろでは、中国人の住宅設備が大きく変わり、家に入ったらスリッパに履き替える人が徐々に増えてきました。これからはそれに合わせて、食事の習慣も変わっていくのかもしれません。

掛け布団

夜寝るときにベッドで寝るのであれ、畳で寝るのであれ、また中国人、日本人を問わず、みな下には敷き布団、上には掛け布団というのが定番ですね。ホテルや旅館に泊まるときは掛け布団も敷き布団も西洋式ですから、日中の間には目に見える違いはありませんが、普通の家庭に行くと、中国と日本では布団の敷き方がかなり違うことに気づきます。

日本では、掛け布団をぴんと広げて敷き布団の上に掛ければ終わりです。でも中国では、掛け布団を大きな封筒のように、長い筒状の袋みたいにたたむのです。まるで身を隠すことのできる「巣穴」のようなので、"被窝"("被"は「掛け布団」、"窝"は「巣」)と名づけられています。"被筒"と呼ぶ地方もあります。寝るときは、その形を崩さないように、慎重に体をもぐり込ませなくてはいけないので、「布団に入る」ことを"钻被窝"(布団にもぐり込む)と言います。

日本に来て最初の夜、布団を敷こうとして、苦心惨憺しました。でも結局、うまくさまになるように布団をたためませんでした。理由は簡単で、日本の掛け布団のサイズが中国のものよりひとまわりもふたまわりも小さかったからなのです。

もしみなさんが中国のお友達の家に招かれて、しかも泊まるようなチャンスがあったら、ぜひ一度あの掛け布団の温かさを体験してみてくださいね。

421現象

　最近，中国のメディアで，「421現象」，「421家庭」，「421症候群」といった言葉がよく目につくようになりました。
　「421」とは中国の一人っ子政策が生み出した，特殊な社会現象です。「4」とは父方と母方の祖父と祖母を合わせた4人を指します。「2」は両親の数，「1」は一人っ子のことです。「421家庭」とはつまり，父方と母方の祖父と祖母，両親，それに一人っ子で構成された家庭を指します。4人のおじいさんとおばあさん，それにお父さんとお母さんに囲まれた一人の「小さな皇帝」は，「愛されることだけ知っていて，人を愛することがわからない，依存心が強くて独立心に欠ける，身体の発達は早まっているのに心の成熟は遅れている」というふうになってしまいました。
　中国が一人っ子政策を実施してすでに二十数年がたちました。ということは，今二十数歳の若者はみな一人っ子で，兄弟姉妹がいないということです。いずれこういう若者が結婚して子供を産んでも，その子たちには兄弟姉妹はおろか，おじさんやおばさん，いとこすらいないのです。
　「421」といえば，聞こえは勇ましくて格好良いですが，言葉の裏には一人っ子たちの少なからぬ悩みと苦しみがあるのです。家族みんなが理想と期待を「小さな皇帝」の一身に託していて，それが目に見えない形で一人っ子たちの人生設計の自由を制限しています。それだけではありません。若い時には，4人の祖父母と2人の両親が一人っ子を傘のように守ってくれますが，同時にそれは，4人（祖父母）プラス2人（両親）の老人を扶養する責任が一人っ子の肩に重くのしかかることでもあります。こうしたことは軽視できない社会問題です。

名付けのノウハウ　　　　　p.54

　中国人の名前をじっくり眺めてみたら、きっと興味深い発見にたくさん出会えるはずです。名前によっては、一目見ただけでその人の年齢と素性がだいたいわかることがあります。

　「劉満倉、楊家福、王守財、趙金貴、李金宝……」は、お金持ちになりたい、偉くなりたいという、人々の素朴な思いが込められた名前で、中国の小さな村には、この手の名前の人が必ずいます。時代の特徴が色濃く表れた名前もあって、たとえば1949年に新中国が成立し、そのころよく付けられたのが、「建国」、「建華」、「建設」です。後に文化大革命が巻き起こり、このころ「文革」期生まれの多くの人たちに付けられたのは、「文革、向東、衛東、衛紅」でした。

　一人っ子政策以前は、家に女の子ばかりが何人も生まれると、男の子の誕生を願って、娘に「盼弟（"盼"は「待ち望む」の意）」、「招弟」、「来弟」という名前を付けることがありました。また軍人には、子供が自分の跡を継いでくれるようにと、「継軍」、「戦兵」、「長征」と名付ける人もいました。

　中国人の名前は基本的に、名字と名前を合わせて3文字というのが普通ですが、近年では、「張碩」、「王達」、「李悦」、「趙寧」のような2文字の名前がわりとポピュラーになっています。中には趣向をこらし、名前と名字をうまく組み合わせてしゃれた言葉にする人もいて、その作品例を紹介しますと、「陶冶」（薫育する）、「修飾」（飾る）、「洪亮」（朗々と響く）、「殷楽」（中国語では「音楽」と同音）、「銭坤」（同じく「乾坤」と同音、「乾坤」は「天地」の意）、「何凡」（非凡）、「杜非」（防ぐ）などなど。

　こうした絶妙な名前に、いつも「お見事！」と感心させられるのですが、何しろ、「頭のいい人は似たようなことを考える」ものですから、どうしてもだれかと同姓同名になってしまいがちです。現に私の知り合いだけでも、「何凡」さんが3人います。

子供用切符

中国も日本と同様に、子供が乗り物に乗ったり、映画を見たり、動物園に入ったりするときには、みな半額割引の切符を買います。ところが、中国と日本の子供用切符の基準には、実ははっきりと違いがあります。

日本では小学生と中学生の間に境界線を引いて、小学生は子供用の切符、中学生以上は大人用の切符としています。ところが中国では違います。乗車券であれ、娯楽施設の入場券であれ、どこでも身長によって判定するのです。ですから、バスにも、映画館や遊園地の入り口にもみな、身長を測る目印となる線が引いてあります。もし子供の身長が規定を超えそうに思ったら、ちょっと測ってみます。ふつうは汽車の切符を買うとき、身長が110cmから140cmの子供なら子供用切符を買うことができます。140cm以上の子供は年齢にかかわらず、大人用切符を買わなくてはなりません。映画館や動物園のような文化娯楽施設では、130cm以下の子供は入場無料になり、130cm以上ならば学生証を提示すれば半額割引になります。

ある友達が私にしてくれた話です。うちの息子ったらまったく親不孝者なのよ、まだ8歳だというのに140cmもあるノッポに育ってくれたおかげで、バスに乗るのも映画を見るのも公園を歩くのもみんな大人料金を払わされて、よその子と比べたらお金が倍もかかるんだから！

最近の子供の体の発育が速くなってきているのにあわせて、関係当局はこれまでの切符を買うときの身長基準を見直したそうです。汽車の子供用切符の上限が140cmになったのは、つい最近の新しい規定だということです。

大学入試

"高考"とは"全国高等院校招生統一考試"（全国高等教育学校学生募集統一試験）の略称です。"高等院校"は"高校"ともいい、大学・専門単科大学・高等専門学校の総称です。簡単にいうと、"高考"は「大学の入学試験」のことですが、ここで一つ説明しておかなければいけない点があります。それは、日本で同じく「高校」というと高等学校を指しますが、中国では大学を指すということです。紛らわしいので要注意。

日本の大学入試は通常春に行われ、全国統一試験、すなわち「センター試験」以外に、各大学がそれぞれ入学試験を実施するので、試験日程も各校で決めます。ですから受験生たちは、受験と学校選びのチャンスを何度か与えられているわけです。

中国の大学入試事情は、日本に比べてずっと厳しいものがあります。一般的に、中国の各大学の合格ラインは統一試験の成績によって決まります。統一試験はすべて教育部（日本の文部科学省に相当）によって出題され、国が定めた同一期間に行われます。受験生にしてみれば、受かったら前途洋々ですが、もし受からなかったら即、浪人決定、次の年に望みをつなげなければなりません。このありさまにある人いわく、「試験一つで人生が決まる」。

ここ数年来、国も一連の大学入試改革を行ってきました。伝えられるところによると、いくつかの大都市では各々の大学入試モデルが実行に移され、北京と上海は独自の出題を開始したそうです。2001年からは一部の都市で春秋2回の入試を推進するようになり、受験生の挑戦のチャンスが1回増えました。また長年にわたって、秋の入試は暑さの厳しい7月に行われ、試験場の受験生たちは常に汗はだらだら、頭はふらふら、目はくらくらという状況に置かれていましたが、このような悪条件を軽減するため、2003年から試験期間が6月上旬に繰り上げられました。

こうした改革が、受験生たちにより多くの幸運をもたらしてくれますようにと願ってやみません。

身分証明書　　　　　　　　　　　　　　　　　p.60

　日本で身分証明が必要となったら、真っ先に思いつくのが運転免許証。免許証を持っていない人は、パスポートや健康保険証を出すか、役所に住民票を取りに行きます。

　中国では10年以上前から身分証明書制度が実施されました。満18歳以上の公民（中国の成人年齢は18歳）はだれでも、各地の公安機関が交付する"中华人民共和国居民身份证"を取得できます。身分証明書には、氏名・性別・民族・住所・生年月日・発行番号が記載されていて、銀行でのお金の出し入れにも、航空券の購入、ホテルの宿泊にも、この証明書の提示が必須です。また身分証明書の番号も重要で、万が一、証明書を忘れたとしても、発行番号を覚えていて、なおかつ話のわかる人に当たったら、その場をしのげます。

　さて、ここでお話ししたいのは、身分証明書の「民族」のことです。中国では、多くの書類に「民族」という欄があり、そこへ「漢族」、「回族」、「満州族」、「チベット族」、「モンゴル族」というふうに書き込むことになっていて、人によっては、「漢」、「回」、「満」……だけで済ませます。中国人にとって民族を記入するのは、日常生活の中でごく当たり前にあることで、子供ですら自分が何族なのか、ちゃんと知っています。理由は簡単、多民族国家という環境に暮らしていると、自分のエスニシティーを意識せざるをえないからです。この点、日本人は違います。私は以前中国で、数人の日本人留学生がホテルの宿泊カードに記入しているところを見たことがありますが、彼らは民族の欄を書く段になって戸惑ってしまい、その後じっくりと話し合った末に、それぞれ空欄を「日本」の2文字で埋めたのでした。

結婚届

　日本の結婚届の手続きは簡単ですね。必要な証明書類を用意し、結婚届に記入して、二人そろって区役所か市役所へ行き、記入済みの届書を提出するだけで、めでたく結婚成立です。

　ところが中国の結婚届の手続きはそう簡単ではありません。

　数年前は結婚を届け出る際、身分証、戸籍簿、未婚公証書といった証明書類のほかに、婚前医学検査証明書なるものも提出しなければなりませんでした。婚前医学検査というのは、これから結婚する二人が受ける身体検査のことで、結婚と出産、そして遺伝に影響を及ぼす病気の予防を主な目的としていましたが、最近施行されたばかりの新婚姻法でこの婚前医学検査は廃止され、手続きはかなり簡便になりました。

　もろもろの証明書を提出したら、今度は結婚証発行の儀式が待っています。新婚夫婦は二人一緒に「結婚証発行室」に入り、国章の下、国旗の横に立ち、厳かに宣誓します。

　すると結婚証発行の担当官が、「二人の自由意志による結婚ですか」、「夫婦双方の家庭内での地位は平等です、実現できますか」、「夫婦双方は互いに扶養し合う義務と権利を有します、実現できますか」、「双方の両親をいたわれますか」などと尋ねてきます。これらすべてに応じると新婚夫婦は祝福され、それからえんじ色の地に金文字が印字された結婚証明書の受領とあいなるのです。証明書の各ページにはすべて、エンボス加工された大きな「囍」の字が印刷されています。

　それから離婚をすると離婚証をもらうことができます。離婚証明書と結婚証明書の違いは、表紙に印刷された金色に輝く「結婚証」の3文字が、銀色の「離婚証」になるだけなんですよ。

専業主婦

"全职太太"はここ数年に生まれた新語で、専業主婦のことです。中国では長年にわたり、都市の家庭はほとんどが夫婦共働きでした。男の人はいうに及ばず、女の人もまた、仕事を持っていることを誇りとしてきたのです。男女が恋愛結婚をするにあたって、相手の職業が配偶者選びの重要ポイントになることも珍しくありません。ですから、ある家ではお父さんが医者でお母さんが教師だったり、あるいはお父さんが士官でお母さんが女優だったり、はたまたお父さんが運転手でお母さんが店員だったりと、どの夫婦もたいていは、「社会的にも経済的にも釣り合いのとれたお似合いのカップル」です。

私が大学生だった頃、学校に日本人の先生が、外国人専門家としていらっしゃいました。美人の奥様を伴っての赴任です。クラスメートの間では、あのお美しい教授夫人はどんな仕事をされているのだろうと話題騒然。が、その後、奥様が一主婦だとわかり、みんなそれはがっかりしました。大学教授ともあろう人が、よりによって、仕事も持っていない人を妻にするなんて、一体どういうこと!? 後になって、日本では夫に十分な収入があれば、妻が専業主婦の道を選ぶのはごく普通のことなのだと知りました。それでも、高い教育を受け、才能もやる気もある女性が家庭に納まってしまうのは、とてももったいないような気がします。

時の経過とともに、さまざまなことが変わりました。今の中国では、ありとあらゆるものがとてつもない変化を遂げています。高所得者層の右肩上がりの増加に拍車がかかり、それに呼応して"全职太太"が現れました。この層の人たちは、男は外で働き、女は家にいて夫を支え、子育てをするのが合理的な形だと考えています。"全职太太"の大半は、高学歴でキャリアもあり、豊かであるばかりでなく、トレンドでもあります。ですからこのところ、同世代の女性たちの憧れの的になりつつあります。ただ世の中には、"全职太太"の登場はウーマンリブの後退だという声があるのも事実です。

世代

中国人は"辈分"を非常に重んじます。

"辈分"とは、家族・親類・友人間での世代の序列のことです。たとえば、父方の祖父母と母方の祖父母が同世代、両親と両親の兄弟姉妹が同世代、兄弟姉妹が同世代で、祖父母は両親の世代より目上、両親は兄弟姉妹の世代より目上ということになります。

中国人はいつでもどこでも、世代のけじめをきちんとつけます。相手がそんなに年をとっていなくても、両親の友人か同僚であるならば、子供の世代の人間が"哥哥姐姐"（お兄さん、お姉さん）と呼ぶのはタブーで、必ず"叔叔阿姨"（おじさん、おばさん）と呼び、そうすることで尊敬の気持ちを表します。

日本では世代に比べて、本人の年齢のほうが重視されているようですね。5、6歳の子供が23,4歳の両親の同僚に会って、「おじさん」、「おばさん」と呼ぼうとせず、「お兄さん」、「お姉さん」と呼ぶのはその一例でしょう。もしこれが中国ならば、たいへん失礼に当たります。というのも、同僚は普通、同世代の人間と見なされるからです。両親と同世代の人をお兄さん、お姉さんなんて呼んだら、両親は子供を、「礼儀知らず」としかりつけます。

なお、日本語でよく使われる「先輩」・「後輩」は、学校で自分より学年が上の人と下の人か、職場で自分より勤続年数が長い人と短い人をいいますから、中国語に訳すと"学兄学姐学弟学妹"、"师兄师姐师弟师妹"となるでしょう。中国語の"先辈"・"后辈"は、自分から見て上と下の世代を指し、特に"先辈"は多くの場合、すでに亡くなった人のことをいいます。

大みそか　　　　　　　　　　p.68

　"年三十儿"とは"除夕"のこと。"除夕"は日本で「大みそか」と訳されますが、正確には、「大みそか」は元旦の前日、新暦の12月31日をいい、対して中国語の"除夕"は旧暦で師走のみそか、つまり春節の前日をいいます。

　日本の「大みそか」に放映されるテレビ番組の代表格は、なんといってもNHKの「紅白歌合戦」でしょう。中国で「紅白歌合戦」に近いのが、春節前夜の"春节联欢晚会"です。ただし"春节联欢晚会"は、人気歌手の歌はもちろんのこと、ほかにもダンスあり、雑技あり、京劇あり、漫才あり、コントありと盛りだくさん。しかも出演者は各界のスーパースターぞろいですから、視聴率が高いのは自明の理で、とにかく、この晩に中国の両親や友人に電話をかけて、相手が"春节联欢晚会"を見ていなかったためしがありません。

　"春节联欢晚会"を見ながら、人々は大みそかのご馳走を食べたり、お茶を飲み飲み"瓜子儿"（スイカやカボチャなどの種に塩を振りかけて炒ったもの）をかじったりして、家族との団らんの時を心ゆくまで楽しみます。

　こんなふうに、みんなで食べて飲んで、わいわいやっているうちに、いよいよ新しい1年。12時の時報を合図に、外では一斉に爆竹が鳴り響き、しばしの間、人々の笑いさざめく声やテレビから流れる音楽は、すべて爆竹の音にかき消されます。

　それに続いて今度は、「新年おめでとう」、「あけましておめでとうございます」といった朗らかな新年のあいさつが飛び交い、大人たちは満面の笑みを浮かべた子供たちに、「お年玉」として100元札か50元札をあげ、それから、それぞれ心晴れ晴れと新年恒例の夜明かしに臨むのです。

大みそかのご馳走(ちそう)

p.70

　中国人の食へのこだわりはつとに有名ですよね。やれ、「1月15日（旧暦）は"元宵"（あん入りの白玉団子）を食べる」やら、「8月15日（旧暦）は月餅を食べる」やら、「客人を餃子で迎え、麺で送る」やら。とにもかくにも、何かにつけて食べます。

　春節は中国で最も盛大な祝日ですから、当然のごとく食がつきものです。大みそかの夕食は"年饭"、もしくは"年夜饭"といいます。"年夜饭"の料理は北と南で、また地方によってかなり違いますが、いずれにせよ、あれこれとたっぷり作ります。ただし普通は魚を食べることになっていて、これには"鱼"と"余"の発音が同じ（yú）なので、"鱼"に"年年有余"（いつも余りあるほどの富に恵まれますように）という願いが込められているのです。このほか、"团圆"（一家全員がそろって団らんすること）の象徴として、北部では餃子を作り、南部では"汤圆"（"元宵"に似ているが、やや小ぶり。音が"团圆"に通じる）を食べるのが慣わしになっています。

　長年、どの家でも、"年夜饭"は家族みんなで自宅に集まって食べるものと決まっていましたが、ここ数年は、「"年夜饭"は外食する」のがブームになってきました。大みそかの夜におめかしして、いそいそとゴージャスな一流ホテル、レストランに出かけ、"团圆"としゃれ込むのです。なんでも、名だたるホテル・レストランでの"年夜饭"の予約は、1か月前には入れておかないといけないとか。人々がホテルへレストランへと"年夜饭"を食べに行くのは、第一に本格的なプロの味を楽しめるから、第二に料理を作る手間と後片付けの手間が省けて、心おきなく団らんの喜びを味わえるから、なのだそうです。

新年のあいさつ

中国では、春節の時期に年始回りをする習慣があります。

旧暦の元旦とその翌日は、街のそこここで、きれいに着飾った老若男女が新年のあいさつに行く姿が見受けられます。年始回りは、目下の者が目上の人やご近所さんに、また職場の仲間どうしで、感謝と敬意を表す絶好の機会です。このため、年始回りはとりわけ大切な行事とされています。普通、目上の人のところへあいさつに行く場合は、果物だ、お菓子だ、いや精のつく食べ物だと、いろいろ手土産を持参しますので、果物やお菓子を扱う店は、毎年この時期は商売繁盛、お客さんで大にぎわいです。

かつて電話が普及していなかったころ、年始のお客さんの来訪は常に不意打ちでした。ですから、そうした「突然」のお客さんをわが家に迎えるのは、ふだん味わえないうれしい驚きを感じさせてくれるイベントでもあったのです。

この数年で、電話はおろか、インターネットや携帯電話といった通信インフラが普及し、年始回りにも一大変化をもたらしました。電話やメールで新年のあいさつをする人がしだいに増えてきたのです。人々は受話器の向こうに、こんなふうに話しかけます。「今年はお宅に伺うのは失礼して、電話で新年のごあいさつを申し上げます。」

また若者たちの間では、年賀カードで新年のあいさつをするのもはやっています。中国の年賀カードは、元旦用と春節用の2種類があり、はがきタイプのもの以上に、封筒入りのデザインカードが多く出回っています。日本では、どんなにおめでたい手紙でも、封筒の色は一律に白ですが、中国のグリーティングカードの封筒はなんともカラフルです。去年、私の手元には中国から年賀カードが3通送られてきましたが、3通が3通とも、封筒の色は目にも鮮やかな赤でした。

十二支のこと

今年は酉年(とり)ですね。日本では元旦その日から申年(さる)が終わって酉年に入りました。ところが中国では、干支(えと)は旧暦の1月1日（つまり春節）を始まりとします。今年（2005年）の春節は（新暦の）2月9日でしたから、中国の酉年はこの日からようやく始まったのです。

私の誕生日は新暦の1月5日ですが、毎年春節はたいてい1月下旬から2月中旬の間に来ます。ですから、私は必ず新年が明けて春節の前に誕生日を迎えることになります。ということは、私の「日本の干支」と「中国の干支」は永遠に一致しないことになります。日本に来る前は私の干支はずっと戌年(いぬ)でしたが、来日後はいきなり亥年(いのしし)に変わってしまいました。当初は、納得いかなかったのですが、時間がたつにつれて、まあどうでもよくなったのでした。おまけに、どうやら亥年は戌年よりも1歳若く聞こえますから、意外と悪くないと思ったりもしました。ただ中国へ帰ったときにはまた戌年に戻らなければならないのが、いささか面倒ではありましたけれど。

干支と言えば、日本語と中国語では言い方が違うものがいくつかあります。たとえば、中国語の"猪年"は、日本語では「豚年」とは言わず、「亥（イノシシ）年」と言いますね。でも日本語の「亥年」を"野猪年"と訳すことは絶対にありません。ほかにも、日本語の「寅（トラ）年」ですが、中国語では一般に"老虎年"とは言わず、"虎年"と言います。「子（ネズミ）年」もやはり"鼠年"と言い、"老鼠年"とはほとんど言いません。

（注：中国語で"猪"は日本語の「豚」のことで、「イノシシ」は"野猪"と言います。また、「虎」はふつう"老虎"、「鼠」は"老鼠"と言います。）

陳 淑 梅 (Chén Shūméi)

中国天津生まれ。天津外国語大学日本語学部卒業。1986年来日。明治大学大学院修了。現在、東京工科大学教授。主な著書:『CDブック ステップ30 1か月速習中国語』『CD 中国語エッセイ 小点心 あっさり味の日中文化論』『やさしい中国語で読む自伝エッセイ 茉莉花』『CD やさしい中国語で読む自伝エッセイ 茉莉花』(NHK出版)、『CDブック くりかえして、覚える!はじめての中国語学習帳』(共著、NHK出版)など。

■日本語訳　前田 美穂　他　　■編集協力　柿野上 敦史
■装丁・本文デザイン　畑中 猛　　■装画・本文イラスト　張 恢

本書は、NHK「テレビ中国語会話」2004年4月号～2005年3月号テキストに連載した「エッセイを読んでみよう 小点心」に加筆・修正のうえ再編集したものです。

中国語エッセイ 小点心
― あっさり味の日中文化論 ―

2005年 7月15日　第 1 刷発行
2023年 1月25日　第12刷発行

著　者	陳　淑　梅
	©2005 Chen Shumei
発行者	土井成紀
発行所	NHK出版
	〒150-0042 東京都渋谷区宇田川町 10-3
	電話　(0570)009-321(問い合わせ)／(0570)000-321(注文)
	ホームページ　https://www.nhk-book.co.jp
印　刷	大熊整美堂
製　本	藤田製本

乱丁・落丁本はお取り替えいたします。
定価はカバーに表示してあります。
®〈日本複写権センター委託出版物〉
本書の無断複写(コピー)は、著作権法上の例外を除き、著作権侵害となります。
ISBN978-4-14-035067-6 C0087　　　　　　　　　　Printed in Japan